essentials

essentials liefern aktuelles Wissen in konzentrierter Form. Die Essenz dessen, worauf es als „State-of-the-Art" in der gegenwärtigen Fachdiskussion oder in der Praxis ankommt. *essentials* informieren schnell, unkompliziert und verständlich

- als Einführung in ein aktuelles Thema aus Ihrem Fachgebiet
- als Einstieg in ein für Sie noch unbekanntes Themenfeld
- als Einblick, um zum Thema mitreden zu können

Die Bücher in elektronischer und gedruckter Form bringen das Expertenwissen von Springer-Fachautoren kompakt zur Darstellung. Sie sind besonders für die Nutzung als eBook auf Tablet-PCs, eBook-Readern und Smartphones geeignet. *essentials:* Wissensbausteine aus den Wirtschafts-, Sozial- und Geisteswissenschaften, aus Technik und Naturwissenschaften sowie aus Medizin, Psychologie und Gesundheitsberufen. Von renommierten Autoren aller Springer-Verlagsmarken.

Weitere Bände in der Reihe http://www.springer.com/series/13088

Jürgen Halstenberg · Bernd Pfitzinger ·
Thomas Jestädt

DevOps

Ein Überblick

Jürgen Halstenberg
Wiesbaden, Hessen, Deutschland

Bernd Pfitzinger
Berlin, Deutschland

Thomas Jestädt
Berlin, Deutschland

ISSN 2197-6708   ISSN 2197-6716   (electronic)
essentials
ISBN 978-3-658-31404-0   ISBN 978-3-658-31405-7   (eBook)
https://doi.org/10.1007/978-3-658-31405-7

Die Deutsche Nationalbibliothek verzeichnet diese Publikation in der Deutschen Nationalbibliografie; detaillierte bibliografische Daten sind im Internet über http://dnb.d-nb.de abrufbar.

Planung/Lektorat: Petra Steinmueller
Springer Vieweg ist ein Imprint der eingetragenen Gesellschaft Springer Fachmedien Wiesbaden GmbH und ist ein Teil von Springer Nature.
Die Anschrift der Gesellschaft ist: Abraham-Lincoln-Str. 46, 65189 Wiesbaden, Germany

Was Sie in diesem *essential* finden können

- Einen Überblick über die moderne Zusammenarbeit zwischen Softwareentwicklung, IT-Betrieb und den Fachbereichen: DevOps
- Einen Abriss der Geschichte von DevOps und der vielen Anknüpfungspunkte zu bekannten Methoden
- Eine Beschreibung der Aktivitäten von DevOps
- Wichtige kulturelle Aspekte, die mit DevOps zusammenhängen
- Eine Kurzanleitung zur Einführung von DevOps
- Typische Kritikpunkte an DevOps und deren Einordnung
- Exemplarische Literaturtipps zu den wichtigsten weiterführenden Ideen

Vorwort

Wie gestaltet man die Zusammenarbeit von IT-Abteilungen untereinander und mit den Fachabteilungen, sodass Unternehmen schnell auf sich verändernde Marktbedingungen reagieren können? DevOps ist eine moderne Antwort auf diese Frage. Viele Prinzipien von DevOps können darüber hinaus auch für die generelle Zusammenarbeit von Organisationseinheiten verwendet werden.

Dieses Buch umreißt DevOps kurz und konzentriert. Wir richten uns damit an Führungskräfte, Projektleiter und IT-Praktiker in Unternehmen, aber auch an Akademiker und Studierende aus dem Hochschulbereich.

Nachdem wir uns in Praxis und Lehre über Jahre mit der Optimierung der Zusammenarbeit in Unternehmen beschäftigt haben, ist es unser Ziel, mit diesem Buch einen kurzen, aber dennoch fundierten Überblick über DevOps zu geben. Wir legen den Schwerpunkt auf organisatorische und kulturelle Aspekte. Für die konkrete Frage, welche IT-Tools dabei unterstützen geben wir weiterführende Hinweise, vertiefen es aber nicht. Für eine kulturelle Transformation von Unternehmen ist dies auch nachrangig.

Wir wünschen den Lesern viel Erkenntnis und Vergnügen. Über Feedback, beispielsweise per E-Mail an feedback@devops-das-buch.de, freuen wir uns.

Jürgen Halstenberg
Bernd Pfitzinger
Thomas Jestädt

Inhaltsverzeichnis

Einleitung – wozu DevOps? 1

Soft- und Hardware durchdringt alle Lebensbereiche. Für viele Unternehmen ist es eine Überlebensfrage, IT-Leistungen **schnell und risikoarm** bereitzustellen. Dies steht jedoch – scheinbar - im Gegensatz zu der Erfahrung, dass in einer durchschnittlichen Firma die Aufrechterhaltung des Status quo bereits 75 % des IT-Budgets verschlingt [9]. Darüber hinaus sind in vielen Unternehmen tiefe Gräben zwischen der Softwareentwicklung und dem IT-Betrieb vorhanden.

DevOps stellt eine Sammlung praxiserprobter und funktionierender Lösungsansätze für dieses Problem zur Auswahl. Bereits in dem Kofferwort „DevOps" wird eine neue, **andere** Zusammenarbeit zwischen der Softwareentwicklung (Development) und dem IT-Betrieb (Operations) hervorgehoben. Diese Zusammenarbeit schließt das Business ein und stellt den Kundennutzen in den Mittelpunkt. Für Entwicklung und Betrieb gab es traditionell jeweils eine Vielzahl spezialisierter Vorgehensmodelle, dazwischen aber einen deutlichen Bruch. Noch schärfer ist bisher der Bruch zwischen der Gesamt-IT und den Kunden, der durch Prozesse oft mehr schlecht als recht überbrückt wird (Abb. 1.1). Mit DevOps liegt der Schwerpunkt auf einer ganzheitlichen Zusammenarbeit zwischen der Software**entwicklung**, dem **IT-Betrieb** und dem **Business**.

Das Bestreben über Organisationsgrenzen hinaus zu denken und Zusammenarbeit intelligent zu organisieren ist so alt wie die arbeitsteilige Leistungserbringung. Deswegen enthält DevOps Anregungen, Methoden und Vorgehensweisen jenseits der IT auch für die Kollaboration von Fachabteilungen: Wo immer Menschen aus **organisatorischen** Silos heraus zusammenarbeiten, können DevOps-Prinzipien dabei helfen, die **mentalen** Silos aufzubrechen.

DevOps ist keine gänzlich neue Erfindung. Es setzt vielmehr bekannte und erfolgreiche Konzepte neu zusammen (Kap. 2) und bezieht Möglichkeiten einer Automatisierung besser ein. Bei der Entscheidung für oder gegen DevOps

© Der/die Herausgeber bzw. der/die Autor(en), exklusiv lizenziert durch
Springer Fachmedien Wiesbaden GmbH, ein Teil von Springer Nature 2020
J. Halstenberg et al., *DevOps,* essentials,
https://doi.org/10.1007/978-3-658-31405-7_1

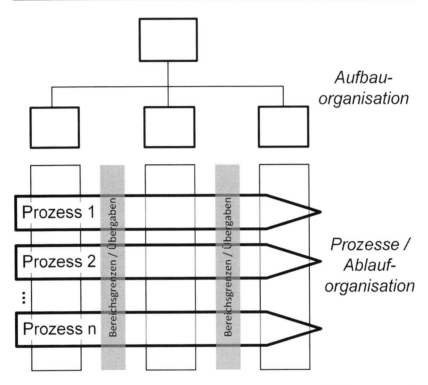

Abb. 1.1 Typisches Zusammenspiel von Aufbauorganisation und (Unterstützungs-) Prozessen in herkömmlichen Unternehmen

sollte der erzielbare Unternehmensnutzen betrachtet werden. Damit wird der IT-Lebenszyklus ganzheitlich adressiert und technisch unterstützt (Kap. 3).

DevOps muss hart erarbeitet werden. Dies bedeutet vor allem kulturelle Transformation. Deshalb wird insbesondere auch die Unternehmenskultur adressiert (Kap. 4). Da aber Kultur oft nur indirekt geändert und beeinflusst werden kann, erfordert DevOps Mühe bei der Einführung (Kap. 5) und der Pflege im Regelbetrieb.

Ungeachtet aller Erfolge sollte DevOps nicht blindlings eingesetzt werden. Denn es gibt daran - neben den zu Recht gepriesenen Vorteilen – auch Kritik. Wir beschäftigen uns mit solchen Einwänden und bewerten diese in Kap. 6. DevOps passt auf eine Seite: kurz und präzise in Kap. 7. Die für uns spannendsten Literaturverweise sollen die Lust am Entdecken wecken, besonders auch abseits der IT.

Was ist DevOps? – Everything is a Remix

2

DevOps ist momentan der vielversprechendste Weg, altbekannte Probleme der IT zu adressieren. Die Lösungen gibt es auch schon lange: Es ist also kein Wunder, wenn die Bausteine von DevOps an hergebrachte Werkzeuge und Methoden erinnern.

2.1 Ursprünge der DevOps-Bewegung

#devops startete 2009 als Twitter Hashtag während der Velocity Konferenz in San Jose, bei der zwei Teilnehmer in ihrem Vortrag („10+ Deploys Per Day: Dev and Ops Cooperation at Flickr") darüber sprachen, wie sie neue Software im Durchschnitt über zehn Mal täglich produktiv setzen. Patrick Debois, ein per Internet verbundener Zuschauer aus Belgien nahm die Konferenz zum Anlass, einige Monate später zu von ihm so benannten „DevOpsDays" in seiner Heimatstadt Gent einzuladen. Dies war der Ursprung des Wortes DevOps und der Beginn der rasanten Verbreitung. Anscheinend traf die Abkürzung den Zeitgeist, selbst ohne klare Definition konnten sich viele IT-Spezialisten sofort mit dem Begriff identifizieren, auch durch den Roman „The Phoenix Project" [4].

Eine wichtige Inspirationsquelle für die DevOps-Bewegung ist das von T. Ohno weiterentwickelte Toyota Production System (TPS), dessen Lehren sie für die IT-Industrie adaptierten. Im Buch „Toyota Production System" illustriert T. Ohno [8] die Radikalität: Alles, was Toyota mache, sei, auf die Zeitspanne zu achten zwischen dem Moment, in dem Kunden einen Auftrag erteilen und dem Zeitpunkt, an dem das Geld fließt. Durch das Weglassen unnötigen Aufwands (japanisch: Muda), werde dieser Zeitraum verkürzt (Abb. 2.1).

3

Abb. 2.1 Entfernung von unnötigem Aufwand im Toyota Production System

Diese Grundidee des TPS [15] ist für die schnelllebige IT-Welt und nicht nur für Start-ups interessant: Ein schnelles Feedback verringert die Produkt-Unsicherheit und das Risiko einer Fehlinvestition. Kurze Zyklen erlauben eine schnelle Reaktion auf geänderte Umstände und das Experimentieren mit unterschiedlichen Features – dies sind typische Lösungsansätze für das Leben in einer „VUCA-Welt" (siehe Abschn. 2.2). Der Qualitätsfokus des TPS wird in der DevOps-Bewegung ebenso verinnerlicht: Fehler werden nicht später gelöst, sondern verhindern sofort die weitere Softwareentwicklung – ganz wie die Reißleine **(andon cord)** das Fließband stoppt. Tatsächlich entwickelt und betreibt ein DevOps-Team nicht nur eine Software für Kunden, sondern etabliert ganz im Sinne des TPS eine kontinuierliche Fließfertigung für Software **(continuous flow)**. Dieses „Entwicklungs-Fließband" kann ohne Automatisierung beginnen. Durch kontinuierliche Verbesserung **(Kaizen)** wird daraus nach und nach die passende Lösung geschaffen.

Aus der agilen Softwareentwicklung übernimmt DevOps die Beschränkung auf überschaubare Entwicklungszyklen, die nach Möglichkeit direkt Kundenwünsche adressieren. DevOps dehnt diese Betrachtung ganzheitlich auf alle Arbeitsschritte bis zum Betrieb der Software aus. Eine Überlastung einzelner Arbeitsstationen des Entwicklungs-Fließbandes wird durch freiwillige Beschränkung verhindert, indem zu Beginn die Inhalte eines Entwicklungszyklus passend zur vorhandenen Kapazität geplant werden. Darüber hinausgehende Anforderungen werden für den laufenden Zyklus ausgeblendet.

Cloud Computing hat viele Hürden bei der Automatisierung des Entwicklungs-Fließbandes ausgeräumt: Im Idealfall lassen sich alle Ressourcen bedarfsgerecht, schnell und automatisiert zur Verfügung stellen. Die Cloud erlaubt zudem die Skalierung der IT von kleinen Entwicklungssystemen bis hin zu großen Produktionssystemen alleine durch Konfigurationsänderungen.

2.2 Grundzüge von DevOps

Die Säulen von DevOps: CA(L)M(A)S
Alle Elemente von DevOps gibt es bereits seit Jahren: Agilität, IT-Service Management, Kanban, Lean, Automatisierung. Auch der Einfluss einer Kultur der Zusammenarbeit auf Geschäftsergebnisse ist bekannt. Was also ist neu, wozu gibt es DevOps? Es zeigt sich, dass über viele Branchen und Unternehmen hinweg das Thema einer **effektiven Zusammenarbeit** zwischen Entwicklung, Betrieb und Business nicht gelöst ist. Gerade in größeren Unternehmen sind Prozesse oftmals schwerfällig geworden, haben sich verselbstständigt und dienen nicht mehr dem eigentlichen Zweck: dem Kundennutzen. Gleichzeitig ist jedoch auch das Geschäftsumfeld schneller und fordernder geworden.

DevOps ist ein neuer Anlauf, um dieses Problem zu lösen. Zentral sind dabei **gemischte Teams** aus Business, IT-Operations und Entwicklung, die sich gemeinsam um die Aufgaben aus Business, IT-Operations und Entwicklung kümmern. Derart gemischte Teams sind querschnittlich aufgestellt, machen durch ihre Zusammenarbeit ansonsten abgegrenzte Organisationseinheiten („Silos") durchlässig und fördern gemeinsame Ergebnisse. Sie reduzieren auch die Betonung unterschiedlicher Verantwortungsbereiche und Abgrenzungen.

Griffig zusammenfassen lassen sich die Säulen von DevOps in dem bekannten Akronym **CAMS**: Kultur (Culture), Automation, Messung (Measurement) und Teilen (Sharing). Manchmal kommt noch ein „L" für Lean hinzu. Wir haben ein „A" für „Added Value" hinzugefügt, CAMS wird dann zu einem gelassenen **CALMAS**.

Kultur (Culture)
Die Firmenkultur ist ein wichtiges Element, um mit DevOps erfolgreich zu sein. Die Kultur spielt eine, wenn nicht *die* entscheidende Rolle. Eine Kultur der Zusammenarbeit, die auf MitarbeiterInnen- und Management-Ebene geprägt ist von dem Bestreben, einen **Beitrag zum Ganzen** zu leisten (siehe z. B. Fredmund Malik [6]). Eine Kultur, bei der Entscheidungen auf genau die Ebene hinunter delegiert werden, die diese am besten treffen kann (**Subsidiarität**). Wenn eine Kultur Mängel hat, lässt sich dies nicht mit wenigen einfachen Kniffen ändern. Das **Vorleben einer Zusammenarbeitskultur** durch das oberste und obere Management über die verschiedenen Einheiten einer Organisation hinweg ist essenziell. Ebenso wird eine solche kulturelle Transformation gefördert durch das Stärken von Einheiten, die bereits näher an der erwünschten Kultur sind. Diesem Thema ist ein eigenes Kapitel gewidmet (Kap. 4).

Automatisierung

Hilfreich ist, dass es **einfache technische Möglichkeiten** für eine durchgängige Software-Pipeline von der Entwicklung in die Produktion gibt. Das legt „automatisch" ein neues **Zusammenarbeitsmodell** nahe. Zwar ist der IT-Betrieb auch traditionell Nutzer eines IT-Systems und damit auch ein Anforderer daran: In der traditionellen ITIL-Welt sollte sich der IT-Betrieb beim „Service Definition Package" einbringen und „musste" dadurch bereits mit der IT-Entwicklung zusammenarbeiten. Jedoch hat dies in vielen Firmen nicht zu der gewünschten flexiblen Zusammenarbeit geführt.

Lean

„Lean" ist ein Begriff, um die Lehren des Toyota Production Systems griffig zusammenzufassen. Er wurde von amerikanischen Wissenschaftlern des MIT verwendet und fand vor allem in den 1990er Jahren starke Verbreitung. Es gibt viele Anleihen, die aus Lean-Methoden insbesondere in der Software-Entwicklung übernommen wurden, sie überschneiden sich teilweise mit den Themen Culture und Measurement. Neben **leichtgewichtigen Entscheidungsprozessen** und **kontinuierlicher Messung** zur Entscheidungsfindung gehört hierzu ebenso die **Visualisierung von Arbeit** und die Limitierung von **Work in Progress** („WiP-Limits"). Ein weiteres Element ist **Obeya**, ein „großer Raum", aus dem Toyota Produktionssystem. In diesem Raum werden während des Entwicklungsprozesses alle beteiligten Personen versammelt, um schnelle Kommunikation zu ermöglichen. Ein Ziel bei Lean ist es, nicht wertschöpfenden Verbrauch („Muda") von Ressourcen oder Zeit zu eliminieren. Ein Hilfsmittel ist die Wertstromanalyse, die **Value Stream Analysis** (siehe Abschn. 2.5). Ein gutes Beispiel für **Visualisierung** von Arbeit ist das Scrum-Board, der Adaption der Heijunka-Tafel im TPS: Es werden Arbeiten durch Post-Its visualisiert und entlang der Spalten „Backlog", „In Planung", „In Arbeit", und „Erledigt" angeordnet, der Arbeitsprozess und -fortschritt insofern für alle gut sichtbar „vergemeinschaftet". Visualisierung in verschiedenen Ausprägungen ist ein starkes Werkzeug und wird auch zur Management-Orientierung eingesetzt (**„Visual Control"**).

Measurement (Messung)

DevOps orientiert sich an messbaren Resultaten. Das heißt, dass Kennzahlen definiert und erhoben werden. Interessant sind natürlich technische statistische Kennzahlen, z. B.

- Verfügbarkeiten,
- die Zeiten, bis Fehler behoben sind,

- die Zeiten, die benötigt werden, um eine Zeile Code in der Produktion zu ändern oder besser noch:
- die Zeiten, die für Anforderungsänderungen benötigt werden.

Wichtiger aber noch sind Kennzahlen (siehe Abschn. 3.4), die den Geschäftsnutzen der IT beschreiben, etwa der Beitrag zum Geschäftsergebnis.

Added Value (Mehrwert)

DevOps ist kein Selbstzweck. Der wesentliche Grund, DevOps einzusetzen ist, einen Mehrwert zu erzeugen. Dieser kann beispielsweise durch schnellere Auslieferung von Nutzen an die Kunden erreicht werden oder durch verminderte Risiken (z. B. kleinere Software-Releases oder schnellere Behebung von Software-Fehlern).

Sharing (Teilen)

Sharing ist das Teilen von Informationen, Vorgehensweisen und Best Known Practices innerhalb eines Teams, zwischen Teams, in und zwischen Abteilungen. Das funktioniert am besten in einer **„blame-free culture"**, einer Kommunikationskultur, die ohne Schuldzuweisungen auskommt. Es geht darum, aus Erfahrungen zu lernen, und nicht darum, Personen oder Organisationseinheiten an den Pranger zu stellen.

2.3 Der Mehrwert von DevOps in einer VUCA-Welt

Der Mehrwert von DevOps ist greifbar. Dies trifft insbesondere in einer **VUCA-Welt** zu: In einer Welt die volatil und unsicher, die komplex (complex) und mehrdeutig (ambiguous) ist, muss IT schneller werden und auf kurzfristige Änderungen reagieren können. „VUCA" (siehe auch Tab. 2.1) ist ein Begriff, der eine weite Verbreitung gefunden hat.

In der VUCA-Welt entwickelte sich in erfolgreichen Unternehmen das Bewusstsein, dass nicht die **„Outputs"** der IT zählen (beispielsweise, wie viele Releases es pro Jahr gibt), sondern es zählen die **„Outcomes"**: Also das, was tatsächlich Wert für das Unternehmen bzw. den Kunden schafft. **Time-to-Market**, also die Zeit zwischen der Produktidee und der Komplett-Einführung, ist weiterhin wichtig. Immer wichtiger aber wird die Zeit, die für den ersten Kunden**nutzen** benötigt wird: **Time-to-Value** (Abb. 2.2). Der IT-Service, der hierbei zur Verfügung gestellt wird, ist möglicherweise noch nicht perfekt, noch nicht fertig, aber ein erster Nutzen ist vorhanden. Die Vorteile dabei sind klar: Der Service steht

Tab. 2.1 VUCA-Begriffe

Volatilität	Die Situation und ihre Auswirkungen sind bekannt, jedoch **ändern** sie sich schneller und vielleicht öfter, als dies bisher typischerweise der Fall war. **Beispiel**: Die COVID-19-Pandemie von 2020 änderte wirtschaftliche Rahmenbedingungen im globalen Kontext innerhalb kürzester Zeit. **Gegenmittel**: Agilität, DevOps-Prinzipien
Unsicherheit	Wirkbeziehungen sind zwar bekannt, aber die Ausgangsbedingungen sind unklar. **Beispiel**: Wieviel Mitfahrende gab es heute zwischen 06:10 Uhr und 09:33 Uhr in der S8 von Seefeld-Hechendorf zur Hackerbrücke? **Gegenmittel**: Fakten beispielsweise durch Big Data oder KI erforschen, Agilität und DevOps
Komplexität (Complexity)	Die Ausgangssituation und wie wir diese ggf. beeinflussen können, ist klar. Aber es ist nicht bekannt, wie sich Änderungen an einzelnen Elementen auswirken, weil die Wirkbeziehungen zu verwoben sind. **Beispiel**: Welche quantitativen Auswirkungen würde ein 12-stündiger Ausfall eines Mobilfunkbetreibers auf die Übertragung von Daten bei der deutschen Lkw-Maut haben? **Gegenmittel**: Simulationen und Empirie, um Wirkbeziehungen nachzubilden; Agilität und DevOps, um auf unvorhergesehene Auswirkungen reagieren zu können
Mehrdeutigkeit (Ambiguity)	Bei Mehrdeutigkeit sind zwar die Ausgangsbedingungen bekannt, sie können aber verschieden gelesen werden. „Mehrdeutigkeit" und „Unsicherheit" sind verwandte Begriffe. **Beispiel**: Ein Passant in der U-Bahn redet lautstark. Es ist nicht sofort klar, ob es sich um ein Telefonat oder ein Selbstgespräch handelt **Gegenmittel**: Die Mehrdeutigkeit bewusst stehen lassen und möglichst spät eine Entscheidung treffen

den Kunden zur Verfügung und kann bereits nutzbringend eingesetzt werden, aber noch nicht in voller Schönheit. Und wenn der Service nicht von Kunden angenommen wird, lernt man dies, ohne mehr Ressourcen als nötig einzusetzen.

Anders als langsamere Konkurrenten, hat man schon erste Kunden gewinnen können. Und aus den ersten Feedbacks der Kunden und des Einsatzes der neuen Services kann wieder – möglichst rasch – Input und Feedback für weitere Verbesserungen aufgenommen werden. Dies ist **eine** der Antworten

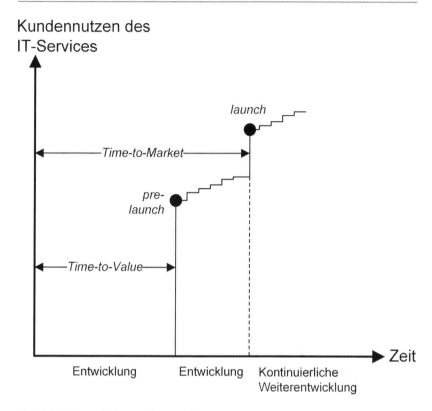

Abb. 2.2 Time-to-Value vs. Time-to-Market

auf die VUCA-Welt: In einer **volatilen** Welt ist die **Geschwindigkeit** für den ersten Nutzen eine entscheidende Komponente. In einer **komplexen** Welt, in der Ursache-Wirkbeziehungen zu vielfältig sind, um sie mit Sicherheit zu durchschauen, muss man schnell und leichtgewichtig Ergebnisse produzieren, um dann ggf. schnell wieder korrigieren zu können.

Das Vorgehen können wir uns also grob in zwei Ausrichtungen vorstellen: Entweder als **Pilotierung** mit einem eingeschränkten Nutzerkreis. Oder aber es wird der (noch nicht ausgereifte) Service **allen** Nutzern zur Verfügung gestellt. Ein solches Vorgehen war einmal verpönt, das Resultat wurde dann als Bananen-Software bezeichnet („reift bei den Kunden"). Wenn wir aber durch schnellere Entwicklungs-Pipelines in der Lage sind, rasch Fehler zu beseitigen, kann dieses Vorgehen berechtigt sein – und den Kunden nicht nur Nutzen, sondern auch Gefallen bringen.

2.4   Late Commitment

Handle stets so, dass die Anzahl deiner Optionen zunimmt. Dieser sog. ethische Imperativ des Kybernetikers Heinz von Foerster könnte auch ein Leitmotiv für DevOps sein. Die Fähigkeit, kurzfristig auf späte Änderungen reagieren zu können, sodass **Just-in-Time-Planung** und **Late Commitment** möglich sind.

- Dies ist **eine weitere** Antwort auf die VUCA-Welt, in der die Anforderungen entweder nicht bekannt sind (weil sie unklar oder zweideutig sind) oder sich schnell ändern.
- Gleichzeitig stellt dies das Gegenstück zu den Praktiken im Wasserfall-Modell dar, bei dem Anforderungen detailliert am Projektanfang in einer „Anforderungsphase" definiert werden, und dann für das Business erst einmal nichts passiert.

Dieses Idealbild einer Organisation, die einerseits anpassungsfähig ist, dabei aber durch geordnetes Vorgehen mögliche Risiken im Griff behält, erfordert für viele Unternehmen eine tiefgreifende Transformation. In Abb. 2.3 kategorisieren wir grob Unternehmen und deren Transformationsweg:

1. Im Idealfall entwickeln Start-ups geordnete Vorgehensweisen, ohne dabei (wesentlich) an Anpassungsfähigkeit zu verlieren.
2. Im schlechteren Fall werden Start-ups, die in einen geordneten Zustand übergehen, zu Bürokratien.
3. Die Transformation von einem etablierten, bürokratischen Unternehmen zu einer agilen DevOps-Organisation ist ein kulturelles, technisches und prozessuales Vorhaben.

2.5   Three Ways und Value Streams

MitarbeiterInnen eines Unternehmens verstehen oftmals (aber begrüßen es nicht), wenn größere Änderungen an den IT-Services etwas länger benötigen. Auf wenig Verständnis stößt es jedoch, wenn selbst kleine Änderungen nicht schnell umgesetzt werden können. Dies führt auch zu der Gretchenfrage für jedes Unternehmen, das an einer möglichst kurzen „Time-To-Value" interessiert ist: Wie

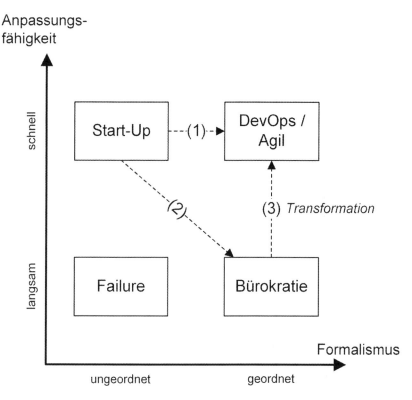

Abb. 2.3 Kategorisierung von Unternehmen nach Anpassungsfähigkeit und Formalismus

lange dauert es, die Änderung einer einzigen Code-Zeile von der Anforderung in die Produktionsumgebung (besser: in den IT-Service) zu bekommen? Was sind die unfruchtbaren Zeiten, die Liegezeiten, die Zeiten, in denen nichts passiert, die Zeiten, in denen Zeit aufgewendet wird, ohne dass es dem Kundennutzen dient? Die in Lean-Systemen verbreitete Wertstromanalyse ist ein Mittel, um solche Fragen beantworten zu können.

„Die drei Wege", the three ways [5], sind eine fast mythische Sichtweise auf die IT-Fabrik (Abb. 2.4) in dem in DevOps-Kreisen mittlerweile Kultstatus einnehmenden Roman „The Phoenix Project" [4]. Sie beschreiben im Grunde drei Prinzipien, aber auch eine Vorgehensweise, um seine IT-Services ähnlich wie über das Werkzeug einer Wertstromanalyse zu optimieren.

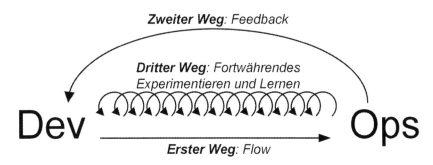

Abb. 2.4 Die drei Wege (nach [5])

Der erste Weg bei der besseren Organisation der IT-Fabrik beschleunigt die Abläufe, den Flow, „von links nach rechts". Als ganz links könnte dabei das Entstehen einer Anforderung im Fachbereich/bei den Kunden verortet werden, als ganz rechts das Produktivsetzen der implementierten Anforderung oder sogar das Auswerten des Kundenfeedbacks. Bei der Analyse dieser Strecke sollten insbesondere Engpässe sichtbar gemacht werden, die unbehandelt alle anderen Eingriffe ins Nichts laufen lassen – ganz wie bei der „Theory of Constraints" von Goldratt [2]. Ein Engpass eines besonders wichtigen Entwicklers beispielsweise führt unbehandelt zum Leerlauf ganzer zuarbeitender oder abhängiger Teams. Engpässe können überall auftreten – die üblichen Verdächtigen sind einzelne, kostbare Experten, (bürokratische) Verwaltungsschritte, Bereitstellung notwendiger Ressourcen, Prüf- und Freigabebewertungen und natürlich auftretende Fehler oder Prozessabbrüche.

Zur Beschleunigung der IT-Fabrik müssen die Engpässe erkannt und ausgeräumt werden, und zwar immer wieder, denn in einem als Warteschlange modellierbaren System entsteht immer wieder mindestens ein neuer Engpass. Dabei gilt es vor allem, ganz im Sinne des Toyota Production Systems, alles Überflüssige wegzulassen. Muda, also nicht wertschöpfende Aktivitäten, tritt in verschiedenen Formen und Abläufen auf. T. Ohno hat sieben Arten von Muda unterschieden, die man sich mit dem Akronym TIMWOOD leichter einprägen kann: **T**ransport, **I**nventory, **M**otion, **W**aiting, **O**verproduction, **O**verprocessing/ Overengineering und **D**efects. Zusätzlich wird der Ablauf von Push auf Pull umgestellt (in komplexeren Systemen kann dies kontraproduktiv sein – das Simulationsspiel „MIT Beer Distribution Game" schaukelt sich nach kurzer Zeit auf). Zum ersten Weg zählen die im Weiteren beschriebene Deployment Pipeline

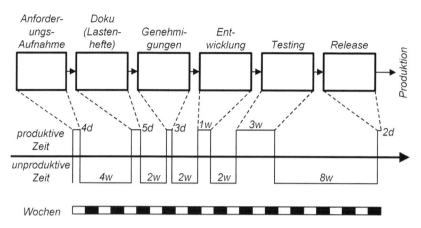

Abb. 2.5 Exemplarische Darstellung einer Wertstromanalyse (nach [3])

mit ihren Continuous-Ansätzen, aber auch Kanban und Value-Stream-Mapping (d. h. Wertstromanalyse, Abb. 2.5).

„**Der zweite Weg**" ergänzt den ersten um möglichst kurze Feedback-Schleifen zur kontinuierlichen Verbesserung („von rechts nach links"). Automatische Tests in der Deployment Pipeline, die Visualisierung der momentanen Auslastung, die Reißleine (andon cord, siehe Abschn. 2.1) oder der Betrieb der IT-Services durch ein Team, das auch Entwickler enthält, liefern auf unterschiedliche Weise frühestmögliches Feedback.

An das Feedback knüpft „**der dritte Weg**" an: Lernen aus dem Feedback und fortwährendes Experimentieren zur Verbesserung der IT-Fabrik. Spätestens hier stehen kulturelle Fragen im Vordergrund: Wie gehen wir mit Risiken und Fehlern um? Wird Übung und Erfahrung – etwa die Wiederholung gleichartiger Arbeitsschritte – honoriert? Viele traditionelle Prozessmodelle haben derartige Schritte – etwa der bewährte Deming Cycle (der Zyklus aus Plan-Do-Check-Act, kurz PDCA). In der IT kann dies so weit gehen, dass gezielt Fehler in den IT-Services eingeführt werden, um die technische und organisatorische Resilienz kontinuierlich herauszufordern. Derartige Stabilität – Anti-Fragilität – ist z. B. als „Chaos Engineering" berühmt geworden, ausgehend von der „Simian Army" bei Netflix, die in Produktion zufällige Störungen herbeiführt, bis hin zur absichtlichen Abschaltung eines ganzen Rechenzentrums.

2.6   Was DevOps nicht ist

Um verständlicher zu machen, welche Schwerpunkte DevOps hat, betrachten wir im Folgenden verbreitete Missverständnisse, d. h. wir führen auf, was DevOps **nicht** ist:

- DevOps ist **nicht** standardisiert, d. h. es existiert auch kein allgemeingültiger Wissensfundus, sprich: Body of Knowledge wie z. B. bei ITIL, Scrum oder PMBOK. Stattdessen ist DevOps „work in progress", es verändert sich und nimmt neue Strömungen und Trends auf, oftmals eingebracht durch die zahlreich weltweit stattfindenden DevOps-Konferenzen.
- DevOps bedeutet **nicht** ausschließlich Automatisierung. Insbesondere gibt es auch kein „DevOps-Tool", das man einführt und alles andere passiert wie durch ein Wunder.
- DevOps ist **kein** neues Vorgehensmodell. Es ist keine Bestrebung, ohne IT-Prozesse zu arbeiten. Im Kern soll es jedoch das herkömmliche Wasserfallmodell ablösen, das in vielen Firmen noch vorherrscht – sei es dort explizit als Wasserfall, als V-Modell oder eine der vielen Variationen davon. Dieses herkömmliche Modell soll überführt werden in einen übergreifenden, optimierten, größtenteils automatisierten sowie kommunikations- und austauschbetonten Prozess.
- Auch wenn das Thema Kultur eine bedeutende Rolle spielt: DevOps ist **nicht** ausschließlich eine firmenkulturelle Angelegenheit.
- DevOps bedeutet **nicht**, dass man einen „DevOps"-Ingenieur einstellt.
- DevOps bedeutet **nicht** notwendigerweise, dass wir das Organigramm ändern: Einer der DevOps-Ansätze ist, die Rollen von Entwicklung, Betrieb und Business näher aneinander zu rücken, diese arbeiten als Team. Wir sprechen dabei über die Zusammenarbeit von Personen mit verschiedenen Rollen, und diese können sich ändern. Es gibt tatsächlich Organisationen, die DevOps zunächst als eine strukturelle Reorganisations-Aufgabe ansehen. Man läuft mit so einem Vorgehen Gefahr, alte vertikale Silos lediglich durch neue, nunmehr horizontale Silos abzulösen (Kap. 6).

DevOps-Aktivitäten

3

Wie lange bräuchte Ihre Organisation, um eine Änderung einer einzelnen Programmzeile produktiv zu setzen? Diese bereits erwähnte simple Frage greift die Idee des Toyota Production Systems auf: Kann die Zeit zwischen Kundenauftrag und Rechnungsstellung („cycle time") verkürzt werden? Ist die benötigte Zeit für eine einzige geänderte Programmzeile wirklich angemessen?

In praktisch jeder Softwareentwicklung durchläuft eine Änderung eine Reihe typischer Arbeitsschritte. Dabei adaptieren verschiedene Organisationen die Anzahl der Schritte, ihre Benennung und Bedeutung für sich. Daraus wird meist ein linearer Ablauf zu Papier gebracht – berüchtigt als Wasserfallmodell. Aber so wenig wie das Wasserfallmodell in der Realität einen strikt sequenziellen Ablauf vorgibt [11], so wenig sind auch Beschreibungen von Abfolgen bei DevOps als Einbahnstraße zu lesen. Eine typische Darstellung der DevOps-Aktivitäten verbindet **wenigstens** Ende und Anfang der Prozesskette miteinander. So wird deutlich: **Softwareentwicklung ist kein einmaliges Projekt, sondern eine möglichst kurz getaktete Fließfertigung mit immer wiederkehrenden Arbeitsschritten.**

3.1   Aktivitäten

Die typischen Aktivitäten sind keineswegs gleich lang oder gleich kompliziert. DevOps versucht möglichst viele Entscheidungen und Tätigkeiten „nach links" zu schieben („**shift left**") und die nachfolgenden Schritte zu automatisieren. Jeder Durchlauf ist außerdem kurz, um das Risiko und die Auswirkungen eines Fehlschlags klein zu halten. Zu jedem Zeitpunkt kann zudem auf den vorherigen Stand zurückgesetzt werden – es wird kein bleibender Schaden angerichtet.

© Der/die Herausgeber bzw. der/die Autor(en), exklusiv lizenziert durch
Springer Fachmedien Wiesbaden GmbH, ein Teil von Springer Nature 2020
J. Halstenberg et al., *DevOps*, essentials,
https://doi.org/10.1007/978-3-658-31405-7_3

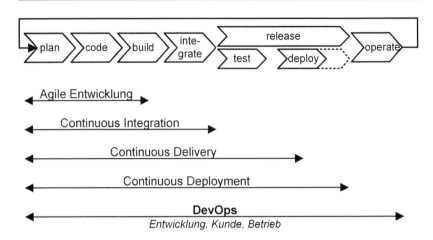

Abb. 3.1 Vergleich der Methoden – DevOps deckt den gesamten Lebenszyklus ab

Die genannten Aktivitäten (Abb. 3.1) sind nicht nur für DevOps typisch. Viele Teile davon sind weitgehend durch Tools automatisierbar. Manchmal gibt es jedoch keinen Konsens über die genaue Trennung und Bedeutung der Schritte, z. B. „Deploy" im Vergleich zu „Release". Die Schritte werden **zyklisch** durchlaufen, manchmal wird die Abfolge deswegen auch in einem „∞"-Symbol dargestellt.

Planung (inkl. Anforderung & Design)
Der Ablauf beginnt mit der **Planung**: Welche Anforderungen gilt es umzusetzen? Was soll entwickelt werden? Wie sieht die Lösung aus? Die Antworten auf derartige Fragen liefern Hypothesen zu den Kundenbedürfnissen. Hypothesen, die sich auch als Fehleinschätzungen erweisen können, die wir im agilen Sinne aber wiederum als Lernfelder nutzen.

Das zyklische Durchlaufen der Prozesskette hat zur Folge, dass aus dem Monitoring der produktiven Lösung Daten existieren. Mit diesem Feedback lassen sich neue Hypothesen bewerten und am Ende eines Durchlaufs können gezielt Erfolge von Misserfolgen getrennt werden.

DevOps stützt sich auf der Development-Seite stark auf die bewährte Denkweise der agilen Softwareentwicklung, die sich prägnant im „Manifest für Agile Softwareentwicklung" [1] und den darin definierten vier Werten und zwölf Prinzipien findet. Demnach liegt der Schwerpunkt auf funktionierender Software, Individuen und Interaktion, der Zusammenarbeit mit Kunden und dem

Reagieren auf Veränderungen. Unnötige Bürokratie wird – ganz im Sinne der industriellen Fließfertigung – möglichst abgestellt. DevOps dehnt diese Ideen auf die Zusammenarbeit mit dem IT-Betrieb aus: Auch der IT-Betrieb ist mit Anforderungen beteiligt, die Konfiguration der IT-Infrastruktur kann z. B. von Anfang an als Programmcode angesehen werden. Formelle Abstimmungen und Dokumentation werden durch partnerschaftliche Interaktion ersetzt und über allem steht die jederzeit funktionierende Software.

Es existieren verschiedene Methoden zur agilen Softwareentwicklung, die sich bei DevOps einsetzen lassen:

- **Scrum** setzt auf kurze Zyklen (**Sprints**). Deren zeitlicher Umfang begrenzt den möglichen Entwicklungsaufwand („**Timeboxing**"). Störungen werden aus dem laufenden Sprint möglichst ferngehalten, weitere Anforderungen im **Product Backlog** für zukünftige Sprints gesammelt.
- **Kanban** beschränkt die laufende Aktivitäten auf die vorhandene Kapazität – neue Arbeit wird erst begonnen, wenn Kapazität vorhanden ist (ein „pull system" anstelle von „push", d. h. jede Aktivität holt sich neue Arbeit aus der Voraktivität).
- **Lean Software Development** versucht über Kanban hinaus das Toyota Production System direkt auf die Softwareentwicklung zu übertragen.
- **Extreme Programming** treibt die Agilität ins Extreme: Lauffähiger Programmcode mit hoher Qualität ist das einzig Entscheidende und wird möglichst schnell und automatisch getestet – mitunter im kontinuierlichen Code Review durch angewandtes Pair Programming.

Vorbild können die am Prinzip der empirischen Prozesskontrolle ausgerichteten Planungsgrundsätze im Scrum-Framework sein. Jede umzusetzende Anforderung kann mit der Aufnahme in das Sprint Backlog Abnahmekriterien erhalten, übergreifende Qualitätskriterien für das Ergebnis finden sich in einer „**Definition of Done**" wieder. Im **Test-Driven-Development** wird dies durch einen automatisierten Testfall unterstützt, der dann die Grundlage für die späteren Testschritte ist.

DevOps geht über die agile Softwareentwicklung hinaus: Die Beteiligung des IT-Betriebs bedeutet von Anfang an, dass das Design der Infrastruktur und der Anwendungsarchitektur für das konkrete produktive Einsatzszenario geeignet sein muss. Spätere Service Level Agreements müssen bereits jetzt eine testbare Anforderung werden – im Extremfall gibt der Betrieb Feedback durch absichtlich provozierte Fehler der Infrastruktur unter dem Schlagwort „**Chaos Engineering**". Zur späteren Testbarkeit der geplanten Implementierung gehört schon jetzt nicht nur die Beschreibung des gewünschten Ablaufs – der „happy path" einer user story. Alternative Abläufe und Fehlerzweige gehören genauso dazu. Test stories und operation stories sollen möglichst viele auch nicht-funktionale Anforderungen von Anfang an berücksichtigen (ganz im Sinne der „shift left"-Idee).

DevOps legt keine allgemeingültigen Prozesse und Rollen fest. Bleibt man bei der Analogie mit Scrum so wird die Rolle des Product Owners über die Verantwortung für das Softwareprodukt auf die rechtzeitige Bereitstellung eines lauffähigen IT-Services ausgedehnt.

In der Praxis sind längst Werkzeuge verfügbar, die auch schwierige Ziele der agilen Softwareentwicklung einfach umsetzbar machen.

Code

Die Hauptaktivität sollte die Entwicklung funktionierender IT-Services sein – alles Überflüssige wird weggelassen. Spätere mitunter störende Schritte – der Test, die Inbetriebnahme, die Berücksichtigung der nicht-funktionalen Anforderungen aus Betrieb, Datenschutz und regulatorischen Aufgaben – sollen inhaltlich bereits hier möglichst vollständig berücksichtigt werden. So können im Idealbild alle weiteren Schritte **vollständig automatisiert** werden.

Die agile Softwareentwicklung teilt sich die Arbeit in kleine, machbare Pakete ein. Das Entwicklungsteam achtet auf seine nachhaltige Leistungsfähigkeit und kommuniziert eng untereinander, z. B. durch Daily Scrum Meetings und über Chatprogramme. Neu entwickelter, lauffähiger Programmcode wird häufig und kleinteilig im **Versionsverwaltungstool** („Code Repository") eingecheckt. Dabei umfasst der Programmcode nicht nur die Programme des IT-Services, sondern auch automatisierte Testfälle und die (ausführbare) Konfiguration der Test- und Produktionsumgebung.

Sukzessive lässt sich die Reichweite der etablierten Methoden ausdehnen: **Continuous Integration** kann so weit gehen, dass nach jedem Commit einer Änderung im Versionsverwaltungstool eine lauffähige und mindestens rudimentär getestete Anwendung zur Verfügung steht. Das Entwicklungsteam hat jederzeit den Überblick über den Erfolg oder Misserfolg. Festgestellte Fehler halten wie im Toyota Production System die Fließfertigung an und müssen sofort bereinigt werden. In einer Timebox wird entweder eine Lösung zeitnah erarbeitet oder die Entwicklung wird auf den letzten funktionierenden Versionsstand zurückgesetzt.

Continuous Delivery schließt zusätzlich die Erstellung und den Test eines Release Kandidaten an. Abgesehen von evtl. noch fehlenden manuellen Tests ist damit sichergestellt, dass zu jedem Zeitpunkt eine auslieferbare Software vorhanden ist.

Eine vollständige Automatisierung aller Schritte lässt den Ablauf zum Continuous Deployment werden, der automatischen Bereitstellung eines fertig getesteten Release Kandidaten.

Deployment Pipeline: Build & Integrate & Test
Nach jedem Einchecken einer Änderung wird im Idealfall automatisch die Software neu kompiliert, die Anwendung mit all ihren Abhängigkeiten zusammengesetzt (**integriert**), rudimentär getestet und für den Einsatz paketiert – das Ziel ist immer ein auslieferbares Produkt. Die Tests sind am Anfang noch simpel: **Unit Tests** sichern elementare Funktionen der Software, zugesicherte Schnittstellen (APIs) und die erfolgreiche **Integration** mit anderen Komponenten, bevor Tests mit dem **gesamten System** erfolgen können. Erste Tests, die sicherstellen, dass offensichtliche Fehler nicht vorliegen, werden auch „smoke tests" genannt.

Auf dem Weg zur Auslieferung durchläuft die Anwendung zunehmend aufwendigere Tests, die sich abgesehen von Freihandtests („explorative Tests") und Vorführungen jedenfalls im Prinzip automatisieren lassen. Der komplette Ablauf wird als *Deployment Pipeline* bezeichnet (Abb. 3.2) und bringt in Analogie zu einer Rohrleitung die am Anfang hinein gesteckte Softwareänderung sicher und ohne weiteres Zutun ans Ziel. Mit dem Unterschied, dass bei der Deployment Pipeline eine Reihe von Transformationen und Tests ablaufen. Neben den funktionalen Tests (z. B. festgehalten in einer user story oder test story) müssen auch nicht-funktionale Anforderungen aus dem Betrieb, der IT-Sicherheit oder regulatorischen Auflagen getestet werden.

Lauffähige Software ist die entscheidende Messgröße für den (Entwicklungs-) Fortschritt. Die Deployment Pipeline bringt die Softwareänderung also entweder sicher ans Ziel oder bricht mit einem Fehler ab. In einer Timebox steht ein kurzer Zeitraum zur Fehlerlösung zur Verfügung, bevor die Codebasis auf die letzte lauffähige Version zurückgesetzt wird (**last-known-good**). Wie beim

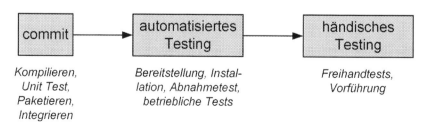

Abb. 3.2 Deployment Pipeline: commit – integrate – test

Toyota Production System soll die Deployment Pipeline jedoch nicht nach dem push-Prinzip betrieben werden. Vielmehr steht am Ende der Deployment Pipeline zu jedem Zeitpunkt ein fertiges Release auf Abruf zur Verfügung.

In der Praxis ist eine vollautomatische Deployment Pipeline oft Utopie: Die Entwickler benötigen ein schnelles Feedback, erreichbar z. B. durch eine sinnvolle Staffelung der Tests nach der benötigten Zeitdauer sowie ein Design, bei dem Fehler frühzeitig und häufig gemeldet werden („fail early, fail often"). Das Hinzuziehen produktionsähnlicher Umgebungen – etwa für die Überprüfung mit realen Kapazitätsanforderungen („Capacity Test") – kann den Aufwand so sehr in die Höhe treiben, dass die Betriebskosten der Deployment Pipeline aus dem Ruder laufen und das vorhandene Budget sprengen.

Release & Deploy

Mit den Begriffen Release und Deploy (lose übersetzt mit „freigeben" und „ausbringen") wird ein zweistufiges Ausbringen des IT-Services impliziert. Release meint dabei den Prozess von der Integration bis zum letzten Schritt der Zurverfügungstellung von Funktionalität (bzw. Nutzen) für Kunden. Deploy *kann* mit dem letzten Schritt des Release übereinstimmen, allgemein gesprochen ist es aber das Ausliefern von getesteter Software (in die Produktionsumgebung). Vergleichbar ist dies mit einem gehobenen Restaurant, in dem die Kellnerin dem Gast das Essen unter einer Silberhaube serviert. Dies ist vergleichbar mit dem Deployment. Das Anheben der Haube ist dann der letzte Schritt des Releases und findet nach dem Deployment statt. In einem Restaurant ohne Hauben enden Release und Deploy hingegen zur gleichen Zeit.

Die Abfolge vom Deploy zum Release passt zum Late Commitment: Die Entscheidung zur Produktivsetzung wird so spät wie möglich getroffen. Eine neue Version eines IT-Services mit einer großen Nutzerbasis kann vorab für einige Nutzer freigeschaltet werden („**Canary Testing**"). So kann durch das Feedback und die gesammelten Metriken eine Freigabeentscheidung objektiviert werden (in verschiedenen Ausprägungen unter den Schlagwörtern „A/B Testing", „blue/green deployment" oder „feature toggle" zu finden). Passen große Änderungen nicht in einen Entwicklungszyklus, dann werden Teile der neuen Funktionalität ausgeliefert, bleiben jedoch über Feature Toggles abgeschaltet.

Zwei Rollen sind hier in einigen DevOps-Implementierungen verbreitet: Der **Release Coordinator** (oder Gatekeeper) trifft die Entscheidung über den Produktiveinsatz eines Releases und überwacht im Vorfeld den Fortschritt der Entwicklung. Der **Site Reliability Engineer** (SRE) überwacht die IT-Services vor allem bei der Inbetriebnahme von Releases samt aller dazu notwendigen Tools und Abhängigkeiten.

Operate & Monitor

Auch in DevOps-Organisationen gibt es eigenständige Betriebsaufgaben – entlang leichtgewichtiger ITSM-Prozesse organisiert. Mit DevOps können Teile der Betriebstätigkeiten jedoch in die DevOps-Teams übergehen: Betrieb und Entwicklung der vom DevOps-Team benötigten Software übernimmt das Team selbst. Damit ist es sein bester Kunde und merkt Schwächen sofort („dogfooding" oder „eat your own dog food"). Ein Self-Service soll alle häufig benötigten IT-Services umfassen, z. B. die Konfiguration der Deployment Pipeline, und entlastet damit die ITSM-Prozesse. So entsteht im IT-Betrieb der Freiraum um z. B. agile Methoden zur Visualisierung relevanter Betriebsthemen einzuführen.

Die Integration der Spezialisten des IT-Betriebs in DevOps – sei es direkt als Entsendung oder als ausgewiesener single point of contact – transportiert die betrieblichen Anforderungen ganz im Sinne des „shift left" direkt zum Ausgangspunkt der Entwicklung.

Umgekehrt erlaubt das in die IT-Services integrierte Monitoring dem DevOps-Team, aufkommende Probleme im Betrieb zu analysieren und gegebenenfalls eine Fehlerbereinigung („Bugfix") zu implementieren. Soweit möglich betreibt und überwacht das DevOps-Team seine IT-Services und bekommt damit ein – mitunter schmerzhaftes – Feedback zu bisherigen Arbeitsergebnissen. Bewusst sollen hier einfache Tools unterstützen – ein teamweit etabliertes Chattool (**„ChatOps"**) nutzt mehr als ein praktisch unlesbares ITSM-Tool.

Feedback & Improve

Immer dabei sind der „zweite Weg" und der „dritte Weg": Möglichst kurz ein Feedback zu bekommen, etwa durch Fehlermeldungen beim Durchlaufen der Deployment Pipeline und die Betriebsverantwortung im DevOps-Team. Wie in Scrum bieten sich Retrospektiven an und die Möglichkeit, erkannte Schwachpunkte tatsächlich auszuräumen. Vor allem die „ungeliebten" Anforderungen z. B. der IT-Sicherheit und des Datenschutzes sollen mit einem positiven Feedback zurückgespiegelt werden.

3.2   IT Betrieb mal zwei

Wir blicken nun darauf, wie die IT-Organisation Betrieb macht: Einmal den Betrieb der Kunden-Services, zum Zweiten (und gewichtet kleineren Anteil) den Betrieb der IT-Anwendungen, die selbst verwendet werden.

Um die IT der Kunden betreiben zu können, benötigt der Betrieb selber IT. Das einfachste Beispiel ist die Deployment Pipeline, diese benötigt (u. a.) eine

Configuration Management Datenbank, meist ein Continuous-Integration-Werkzeug sowie weitere Betriebstools. Oft erlebt man, dass die IT die **eigene** IT schlecht betreibt – der Schuster hat selber die schlechtesten Schuhe. Möglicherweise gibt es keine Service Levels, die Berechtigungsstrukturen sind schlecht angepasst, die Sicherheit ist vernachlässigt. Auf der anderen Seite führt dies dazu, dass die eigene IT flexibel ist, was wiederum den Neid der Kunden der IT erregt. Das soll im DevOps-Kontext nicht so sein: die IT der IT ist genauso wie die IT der Kunden flexibel, schnell anpassbar, durchläuft schnelle Feedbackschleifen. Das bedeutet, dass wir die DevOps-Prinzipien auch auf den Betrieb der IT-eigenen IT anwenden müssen.

In der idealen IT-Fabrik wird die Infrastruktur selber als Code bereitgestellt („Infrastructure as Code"). Das ist – wenn man es wörtlich liest – irreführend und bedeutet lediglich, dass die Infrastruktur ideal von der Nutzanwendung entkoppelt ist und die letztere durch Code definiert wird.

Ein Rolle aus dem Umfeld von DevOps ist der Site Reliability Engineer (Abschn. 3.1). In der ITIL-Welt ist dies einfach die Praxis des (proaktiven) Problem Managements – es wird (idealerweise) proaktiv darauf hingearbeitet, dass IT-Ausfälle nicht stattfinden. Natürlich ist hierbei die Software-Entwicklung mit im Boot: Wenn der Anwendungscode oder die Parametrisierung der „Infrastructure as Code" zu Problemen führt, spüren dies alle Beteiligten, Entwicklung *und* Betrieb. Das Prinzip ist: „Eat your own dog food" (Abschn. 3.1). Implizite Stakeholder an der Vorgehensweise sind auch: Security Management, Risk-Management, Compliance Management und die IT-Architektur – nicht alles, was man machen könnte, darf auch gemacht werden.

Durch das Zusammenarbeitsmodell wird der Graben zwischen Entwicklung und Betrieb bestenfalls beseitigt. Die Entwicklung wirft Software nicht mehr „über den Zaun", sondern muss sich mit den Konsequenzen hinter dem nicht mehr existierenden Zaun auseinandersetzen. Statt von „Zaun" sprechen manche auch von der „Wall of Confusion". Dieser Begriff steht für das wechselseitige Unwissen, oft auch die bewusste Ignoranz, z. B. über betriebliche Herausforderungen des IT-Betriebs: Ops ist eigentlich „Secondary User" mit eigenen Anforderungen (so, wie die Kunden als „Primary User" beispielsweise funktionale Anforderungen haben). Es gibt aber auch umgekehrt Unwissen des Betriebs über Zwänge im Entwicklungsvorgehen. Diese Zwänge manifestieren sich in unterschiedlichen Zielstellungen und Zielkonflikten. Grob gesprochen möchte Development Veränderung (Kriterien: Zeit, Qualität, Budget bei gegebenem Risiko und Scope), der Betrieb möchte Stabilität (Kriterien: Sicherheit, Verfügbarkeit, Ressourcen).

Im DevOps-Szenario gibt es gemeinsame Ziele von Dev und Ops, die sich am Kundennutzen orientieren. Grob können die Kriterien sein: Ressourcen,

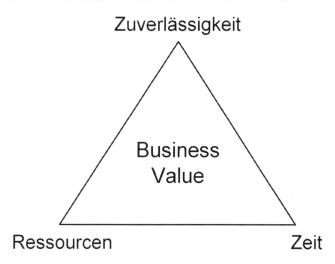

Abb. 3.3 Das magische Dreieck von DevOps umfasst schon drei der fünf Faktoren des Projekt-Pentagons, siehe Abb. 4.1

Zeit, und Zuverlässigkeit (im Sinne von Risiko und erfüllten Service-Level-Anforderungen); über allem steht dabei der „Business Value" (Abb. 3.3). Diese Gedanken nehmen wir in Abschn. 4.1 wieder auf.

3.3   Automatisierung, DevOps-Tools

DevOps verlässt sich auf einen hohen Grad der Automatisierung. Viele Tools unterstützen die Denk- und Arbeitsweise von DevOps-Teams, ihre Einführung ist im Sinne des Lean-Gedankens jedoch nicht der erste Schritt der kontinuierlichen Verbesserung. Ein zentraler Punkt ist natürlich eine durchgehende Pipeline für Continuous Delivery – es geht um ein zuverlässiges und wiederholbares Deployment. Es unterstützt die Wertschöpfung, wenn Infrastructure as Code eingesetzt werden kann.

Für eine Vielzahl von weiteren Aktivitäten ist eine Tool-Unterstützung sinnvoll, so für die eigentliche Softwareentwicklung, die Versionskontrolle, das Configuration Management, das Testing (Test-Dokumentation, Automatisierung). Weiterhin das Change Management, das Incident- und Problem-Management, das Event-Management und das Monitoring. Dies sind klassische ITIL-Practices, in vielen Firmen wird es bereits Tool-Unterstützung(en) hierfür geben – und

Tab. 3.1 Typische KPIs für DevOps-Organisationen

Kategorie	KPI
Nutzen/Kosten	• Business- und Kundenzufriedenheit • Anzahl Kunden/neue Kunden • Marktanteil • Umsätze/Gewinn • Kosten der IT • Kosten pro Release/Beitrag zum Firmennutzen pro Release (schwierig)
Zeiten	• Vorlaufzeiten für Änderungen (Lead-Zeit): Zeit, die eine (kleine oder große) Anforderung besten-/ schlechtestenfalls von der Formulierung bis zur Produktivsetzung benötigt • Anzahl Releases pro Jahr (oder pro Woche)
Qualität & Risiken	• Anteil missglückter Changes • Anzahl schwerwiegender Fehler pro Release • Anzahl schwerwiegender IT-Risiken
Verlässlichkeit	• Service-Verfügbarkeit/Einhaltung der Service-Zusagen (SLAs) • Verringerung Mean Time To Repair (MTTR): mittlere Zeit, bis ein Service nach einem Ausfall wieder hergestellt ist (Abb. 3.4) • Vergrößerung Mean Time Between Failures (MTBF): Zeitraum zwischen Service-Ausfällen (Abb. 3.4) • Anzahl Incidents • Anzahl Problems • Anzahl Fehler in Produktionsumgebung
Warteschlangen-/Kanban-orientiert	• Delivery-Expectation, z. B. Feature xy wird in 20 Tagen mit einer Wahrscheinlichkeit von 85 % ausgeliefert (im Kanban-Umfeld auch „Service-Level-Expectation" genannt) • Work-in-Progress („WiP"): Anzahl Elemente, die aktuell angefangen, aber noch nicht ausgeliefert sind • Work-Item-Age: Wie lange befindet sich ein gegebenes Element bereits in der Bearbeitung? • Durchsatz: Ausgelieferte Elemente pro Zeiteinheit (z. B. 5 Features pro Woche)
MitarbeiterInnen	• Anzahl Schulungstage pro MitarbeiterIn • Fluktuation • Krankenstand • MitarbeiterInnenzufriedenheit

dies kann die eigentliche Herausforderung werden. Es ist nicht nötig, einen einziges, integriertes Tools zu nutzen (auch das birgt Risiken), insgesamt soll aber eine **Toolchain** unterstützt werden. Tools sollen also verkettet werden können, das setzt offene, am besten anpassbare Schnittstellen voraus und erklärt die verbreitete Vorliebe für Open-Source-Lösungen in der DevOps-Community. Eine Toolchain kann für verschiedene Services leicht unterschiedlich aussehen, Tools dürfen jedoch die Trennung in Silos nicht verschärfen (Berücksichtigung von Conway's Law, siehe Abschn. 4.2).

Es gibt Netzressourcen für einen Überblick über DevOps-Tools, ein prominentes Beispiel mit einem umfassenden Überblick ist die „Periodic Table of DevOps Tools" [17].

Automatisierung soll sich wiederholende, langweilige und fehleranfällige Standardaufgaben erledigen, sodass Menschen nicht-triviale Probleme lösen können. Es ist jedoch ein typischer Fehler, schlechte Prozesse zu automatisieren – vorteilhaft ist, zunächst Prozessabläufe zu optimieren und erst danach zu automatisieren.

3.4 KPIs: Messung von Erfolg

Wir haben bereits die Wichtigkeit von „Measurement" betont – die Messung von **Key Performance Indicators** (KPIs). In Tab. 3.1 geben wir Anregungen für mögliche solcher KPIs. Es muss dazu definiert werden, was die jeweiligen Zielwerte sind.

In Abb. 3.4 werden die Begriffe (Mean) Time To Repair und (Mean) Time Between Failures aus der Kategorie „Verlässlichkeit" dargestellt.

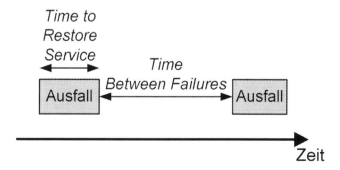

Abb. 3.4 Erklärung von Time To Repair/Time Between Failures

3.5   Skalierung von DevOps

DevOps und agile Vorgehensmethoden sind ideal für Firmen mit einer überschaubaren IT. Ein Team sollte aus höchstens so vielen MitarbeiterInnen bestehen, dass diese mit zwei Pizzas gesättigt werden können, so die verbreitete Weisheit des Amazon-Gründers Jeff Bezos. Was passiert, wenn die IT-Systeme und Änderungsvorhaben so sind, dass selbst zwanzig Pizzen nicht ausreichen würden? Wenn DevOps als eine organisatorische Umstrukturierung angegangen wird („DevOps-Teams" als Organisationseinheit anstelle einer Zusammenarbeitsform), dann besteht die Gefahr, dass aus den bisherigen vertikalen Silos horizontale Silos werden. Die Skalierungsfähigkeit von DevOps wird dann sehr streng begrenzt durch den Zuschnitt der IT-Architektur. Es werden **Microservices** vorausgesetzt, die im Idealfall unabhängig voneinander geändert werden können – in großen Unternehmen mit starken Abhängigkeiten der IT-Services untereinander sowie Abhängigkeiten zu Legacy-System eine oftmals als unüberwindbar empfundene Hürde. Was dann helfen kann, sind Skalierungsmethoden analog zu denen von Scrum (beispielsweise Scrum of Scrums, SAFe).

3.6   Ökonomie von DevOps

Bei der Einführung und Ausdetaillierung von DevOps ist eine Betrachtungsweise **immer** sinnvoll: Die betriebswirtschaftliche. Die Fragestellung ist dabei, was der Unternehmensnutzen ist. Und zwar über das oftmals verspürte Gefühl hinaus, dass ein Unternehmen schneller, agiler und flexibler sein sollte [10]. Betrachtet werden können beispielsweise die konkreten, in Geld berechneten Vorteile folgender Ergebnisse:

- eine Verkürzung von Entwicklungszyklen (beispielsweise dadurch, dass man Kunden schneller etwas verkaufen kann),
- die gleichmäßigere zeitliche Verteilung von Arbeit,
- die Automatisierung von Testing, d. h. Vermeidung manueller Aufwände,
- die Verminderung von Risiken durch schnelleres Bugfixing.

DevOps ist kein Wert an sich, sondern nur sinnvoll, wenn es für das Unternehmen **berechenbare** (oder zumindest in Währung **abschätzbare**) Vorteile ergibt.

Kulturelle, organisationale und kommunikative Aspekte von DevOps

4

Der austro-amerikanische Psychotherapeut und Philosoph Paul Watzlawick beschäftigte sich lange mit zwischenmenschlicher Kommunikation und formulierte hierzu fünf Grundprinzipien („Axiome"). Das zweite Axiom lautet: „Jede Kommunikation hat einen Inhalts- und einen Beziehungsaspekt, derart, dass letzterer den ersteren bestimmt".

Diese Erkenntnis könnte ohne Weiteres über der DevOps-Bewegung stehen. Generalisiert lässt sich die daraus resultierende Fragestellung so formulieren: Welche **Muster des Gelingens**, aber auch **Muster des Scheiterns**, gelten für die Gestaltung von Beziehungen zwischen einerseits „Dev" und andererseits „Ops"? Einfacher ausgedrückt: Was sind *Best Known Practices* für die Zusammenarbeit?

Gesucht wird also idealerweise eine Sammlung bewährter Methoden für die Gestaltung der Kommunikation zwischen Dev und Ops. Wir glauben allerdings nicht daran, dass eine solche universelle Sammlung existiert. Denn jedes Verhalten von Menschen ist kontextspezifisch, d. h. abhängig von sozialen, zeitlichen und sachlichen Faktoren. Und es ist nicht deterministisch, d. h. nicht sicher vorhersehbar.

Die Änderung der **Organisationskultur** (nach Edgar Schein verkürzt die Sammlung von Werten, Normen und Grundannahmen, die in einer Organisation verankert sind) ist schwierig, da sie oft nur in den Köpfen lebt und nicht kodifiziert ist. Sie ist zum Großteil nicht direkt sichtbar – gleichsam ein **„kultureller Eisberg"**. Sie ist aber auch sehr wirkmächtig: „Culture eats strategy for breakfast" (oft Peter Drucker zugeschrieben).

Die Handlungsanweisung für Führungskräfte, Manager und DevOps-Evangelisten lautet: Im Mittelpunkt der Bestrebungen eines Managers sollte weniger die Frage stehen, wie er die ihm anvertrauten Abteilungen, Teams oder gar Individuen ändern kann. Sondern wie er zur Veränderung eines **Kontextes** oder **Umfeldes** beitragen kann, sodass Abteilungen, Teams und Individuen Verhaltensweisen zeigen können, die das Erreichen erwünschter Ergebnisse wahrscheinlicher machen.

Diese Ideen finden sich bereits in vielen Veröffentlichungen, auf die sich DevOps-Protagonisten berufen (z. B. Douglas McGregors Modell der Theorie X und Theorie Y) oder die eine unmittelbare Nähe zur DevOps-Bewegung haben, z. B. das Agile Manifest, Prinzip Nr. 5: „Errichte Projekte rund um motivierte Individuen. Gib ihnen das Umfeld und die Unterstützung, die sie benötigen und vertraue darauf, dass sie die Aufgabe erledigen."

Wir möchten diese Ideen wiederholen, verändern und neu zusammensetzen (frei nach Kirby Fergusons Dokumentationsreihe „Everything is a remix" mit dem Paradigma des Copy, Transform, Combine).

4.1 Muster des Scheiterns und Muster des Gelingens

Im Folgenden beschäftigen wir uns in aller Kürze mit „Mustern des Gelingens" (Pattern) und „Mustern des Scheiterns" (Antipattern). Wir rufen dafür in Erinnerung, welche Ziele Organisationen mit der Etablierung von DevOps verbinden (siehe Abschn. 2.2).

Sehr oft geht es in Projekten auf höchster Abstraktionsebene um folgende Aspekte (siehe Abb. 4.1, angelehnt an das Projekt-Hexagon von PRINCE2 Agile):

- **Zeit**: Schnelligkeit ist von größter Bedeutung, um einerseits adäquat auf Marktveränderungen reagieren zu können und andererseits schnell Hypothesen über mögliche Kundenbedürfnisse verifizieren oder falsifizieren zu können (frei nach Spotify: „Fail fast. Learn fast. Improve fast.")
- **Kosten** sollen vor allem kalkulierbar bleiben
- **Risiken** sollten vernünftig gering und vor allem einschätzbar bleiben
- **Umfang**: Dieser sollte flexibel am Nutzen orientiert sein
- **Qualität**: Das Qualitätsniveau sollte angemessen und berechenbar sein. Angemessen im Sinne von „zweckgeeignet" und berechenbar im Sinne von „an Kriterien messbar"
- Der **Business Value (Nutzen)** steht im Mittelpunkt aller (Betriebs- und) Entwicklungs-Aktivitäten – als Geschäfts-, Kunden- oder Stakeholder-Nutzen

Wir können somit folgendes Ziel formulieren: **DevOps dient dazu, in einem VUCA-Kontext schnellstmöglich zu berechenbaren Kosten mit geringen Risiken und zweckmäßiger Qualität ein Produkt so entwickeln, betreiben**

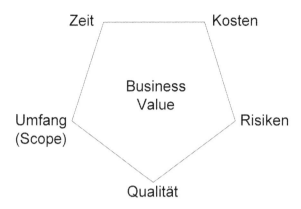

Abb. 4.1 Das Projekt-Pentagon

und adaptiv weiterentwickeln zu können, dass wir damit immer wieder Nutzen erreichen.

Taylorismus
Paradebeispiele für Muster des Scheiterns liefern tayloristische Arbeitsweisen (abgeleitet von Frederick Winslow Taylor, Erfinder des Scientific Managements [14]). Diese um ca. 1880 entstandene Arbeitsweise prägt auch heute noch stark unser Denken und unterteilt Arbeit in Arbeitsvorbereitung und Arbeitsdurchführung. Die damalige Gesellschaftsstruktur in Europa und Amerika war geprägt von einer Bevölkerung, in der ein hoher Prozentsatz der ArbeiterInnen eine geringe Bildung aufwies und nur eine Minderheit über eine höhere Bildung oder Qualifikation verfügte. Gleichzeitig gab es ein hohes Bevölkerungswachstum, dadurch eine hohe Nachfrage nach günstigen Waren jeglicher Art.

Die vier Grundprinzipien tayloristischer Arbeitsweisen sind im Sinne obiger Ziele nahezu allesamt wenig förderlich:

1. (Personelle) Trennung von Hand- und Kopfarbeit – Lernen wird verzögert oder sogar verhindert
2. Konditionierung des Verhaltens durch Belohnung und Bestrafung von Arbeitsergebnissen – es wird unangemessen oder unflexibel auf neue Probleme reagiert und im Sinne von lokaler Optimierung versucht, eine Belohnung zu erhalten oder einer Bestrafung zu entgehen, sodass das Gesamt-Optimum gefährdet wird oder Intransparenz zunimmt

3. Arbeitsteilung aufgrund der (technischen) Spezialisierung – Bildung von Wissens-Silos, Reduktion von wechselseitiger intellektueller Befruchtung
4. Selektion und Instruktion der Arbeitsausführenden („der richtige Mann am richtigen Platz") – fokussiert zu sehr auf (angeblich statische) Eigenschaften statt auf Entwicklungsmöglichkeiten

Idealbild einer DevOps-Organisation
Das Idealbild einer DevOps-Organisation läuft auf eine Vision hinaus, die Peter M. Senge in seinem Buch „The Fifth Discipline" [12] im Rahmen des

Tab. 4.1 Muster des Scheiterns und Gelingens

Statt... (Muster des Scheiterns)	Besser... (Muster des Gelingens)
Schuldkultur Bewertung des Handelns durch Lob, Tadel, Belohnung oder Strafe	**Fehlerfreundliche Lernkultur** Fokussieren auf gemeinsames Lernen und Kultivieren von Fehlern in einer „blame-free culture" (z. B. durch Techniken mit so sprechenden Bezeichnungen wie „Wall of Blame", „Fuck-up Nights", „Blame-free Post-mortems")
Silodenken Nach innen orientierte Organisations-bereiche, die externen Beziehungen zu wenig Beachtung schenken. Typisches Denkmuster ist dabei eine Unterscheidung in Freund/Feind	**Kooperation, Kollaboration und gemeinsame Ziele** Bildung zumindest temporär bereichs-übergreifender Teams, Vereinbarung von wechselseitigen „Hospitanzen", Reduzieren oder Vermeiden von „Separation of Duties"
Eindimensional-kausales Denken Vorherrschend sind Wenn-dann-Zuschreibungen und damit die Fokussierung auf „die" Ursache für ein Problem, oftmals einhergehend mit dem sog. Rückschau-Fehler	**Vernetztes, ganzheitliches Denken** Immer wieder die Zirkularität von Beziehungen berücksichtigen und trans-parent machen und dabei berücksichtigen, dass Verhalten sowohl verursacht als auch verursachend ist. Immer wieder für Rück-kopplung/Feedback sorgen
(Individuelle) menschliche Fehler Eine Person wird als Ursache eines Fehlers betrachtet, oftmals mit der Implikation, dass eine andere Person den Fehler nicht ver-ursacht hätte	**Systemisches Denken** Menschlichen Fehler nicht als Endpunkt, sondern als Ausgangspunkt für eine fruchtbare Diskussion darüber betrachten, welcher Kontext zu einer „falschen" Ent-scheidung führte
Statisches **Selbstbild**, d. h. Fähigkeiten werden als „angeboren", unveränderlich betrachtet, weshalb Herausforderungen ver-mieden werden	Bisher **geglückte Veränderungen erfragen**, „Muster des Gelingens" fördern, auf das „Verflüssigen" von Eigenschaften/ Verhärtungen hinwirken

System-Thinking-Ansatzes als „die lernende Organisation" bezeichnete. Der Kategorisierung von Ron Westrum, einem amerikanischen Soziologen, folgend entspricht sie dem Typ einer „generativen" Organisation. Westrum unterscheidet in seinem 3-Typen-Modell [16] eine leistungsorientierte **generative Organisationskultur** von der regelorientierten **bürokratischen Organisationskultur** und der machtorientierten **pathologischen Organisationskultur**. In einer generativen Organisationskultur finden sich vor allem folgende Elemente:

- Intensive Zusammenarbeit
- Fördern von Informationsgewinnung, auch das Überbringen schlechter Nachrichten wird gefördert
- Risiken werden geteilt
- Abteilungsübergreifendes Handeln wird gefördert
- Fehler führen zu Untersuchungen, nicht zu Abstrafen
- Neues wird umgesetzt, d. h. ausprobiert

Die in Tab. 4.1 beispielhaft aufgeführten Sichtweisen gelten in einer generativen DevOps-Organisation als überholt und werden durch eine lernende Haltung überwunden.

4.2   Ideales Organigramm – oder: welche Team-Topologien für DevOps?

In den 1960er Jahren formulierte Melvin Conway seine Beobachtungen des Zusammenhangs zwischen Strukturen der Organisation und der Software, die von dieser Organisation hervorgebracht wird. **Conway's Law** lautet: Eine Organisation wird Systeme entwerfen, die die Kommunikationsstrukturen dieser Organisation abbildet.

Übertragen auf die VUCA-Welt bedeutet dies: „Wenn Du adaptive Produkte entwickeln möchtest, benötigst Du ein adaptives Organisationsdesign, das in allererster Linie schnelles Lernen unterstützt." Es ist nicht neu, dass die Keimzelle für ein solches Organisationsdesign Teams sind. In Anlehnung an den Teamforscher Richard Hackman verstehen wir unter einem Team eine Gruppe von Menschen, die gemeinsam an einem gemeinsamen Ziel arbeitet und bei dieser Zusammenarbeit stark voneinander abhängig ist. Ein Team soll mehr sein als die Summe seiner Mitglieder. Andere wünschenswerte Kriterien sind beispielsweise:

- Weitgehende Autonomie
- Stabilität, um Nähe und Vertrauen zu fördern, sodass Kontrollen reduziert werden können
- 100 % Teamzugehörigkeit, um Loyalitätskonflikte zu vermeiden und Komplexität zu reduzieren
- Ad-hoc Möglichkeit der Face-to-Face-Kommunikation, um schnelle Kommunikation und schnelle Entscheidungen zu fördern, ähnlich dem Obeya-Konzept (siehe Abschn. 2.2)
- Cross-Funktionalität oder zumindest ein ausreichendes Maß an Vielfalt

Derart gestaltete Teams sollten folgende Fähigkeiten ausprägen:

- Starkes Commitment, d. h. Verantwortungsbereitschaft und Engagement
- Kreativität und Innovation
- Problemlösungskompetenz durch viele Perspektiven
- Geschwindigkeit

Ausgehend von Conway's Law und diesem Idealbild eines Teams, ergibt sich ein Organisationsdesign, für das Skelton und Pais [13] den Begriff der Team-Topologie wählen. Sie schlagen die folgenden Varianten für die Topologie von DevOps-Teams vor (Abb. 4.2).

- **Stream-Aligned Teams** sind ausgerichtet auf eine einzelne Wertschöpfungskette. Das kann ein einzelner Service, eine zusammengehörige Menge an Funktionalitäten, eine „User Journey" oder eine „User Persona" sein. Stream-Aligned Teams kommen dem Konzept der **„Feature-Teams"** am nächsten. Amazon gilt als Prototyp einer Organisation, die in erster Linie auf Stream-Aligned Teams setzt, berühmt ist dazu das Zitat des CTO Werner Vogels: „You build it, you run it!". Damit betont er, dass die Teams, die (Micro-)Services entwickeln, diese auch selber betreiben. Die Gefahr ist, dass sich horizontale Silos bilden, wenn nicht eine vertikale Kohäsion erzeugt wird, z. B. durch das Organigramm, Communities of Practice wie „Gilden" und „Zünfte" (siehe Spotify Engineering Culture), strikte IT-Architekturvorgaben oder Enabling Teams.
- **Enabling Teams** sollen in erster Linie Stream-Aligned Teams dabei unterstützen, sich fehlende Fähigkeiten anzueignen. Dafür spezialisieren sie sich, um „über den Tellerrand zu schauen" und neueste Entwicklungen zu berücksichtigen. Sie nehmen eher die Rolle von technischen Beratern für Stream-Aligned Teams ein und sollten nicht in einem Elfenbeinturm leben. Sie

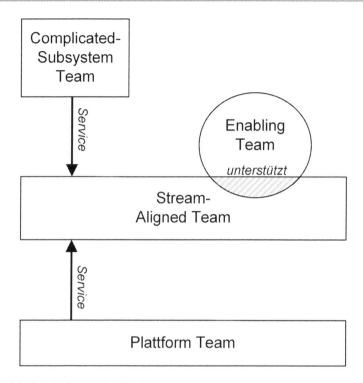

Abb. 4.2 Topologien von DevOps-Teams

sind vergleichbar mit Communities of Practice, unterscheiden sich allerdings von diesen darin, dass sie nicht gelegentlich, quasi „nebenbei" an technologischen Themen arbeiten, sondern Vollzeit. Ein Beispiel ist ein Team, das sich auf Mobile User Experience spezialisiert.

- **Complicated-Subsystem Teams** sollten die Ausnahme in einer Organisation darstellen. Sie existieren, wenn Spezialwissen notwendig ist und entstehen aus der Erkenntnis, dass dieses Spezialwissen ein Stream-Aligned Team überfordern würde, nicht aber, um Spezialwissen günstig für mehrere andere Teams zu teilen (Economy-of-Scale). Ein Beispiel ist ein Team von MathematikerInnen oder StatistikerInnen, das häufig spezielle Algorithmen zur Verfügung stellt, auf die (Stream-Aligned) Teams angewiesen sind.
- **Platform Teams** versorgen viele Stream-Aligned Teams mit generalisierten Services, die häufig einen infrastrukturellen Charakter haben. Ihr Zweck ist

es, Stream-Aligned Teams autonomer bei der Auslieferung von Produkten (Services) zu machen. Qualitativ hochwertige Self-Service-Fähigkeiten und Einfachheit in der Nutzung von Plattform-Services sollten hervorstechen. Ein Plattform-Team kann beispielsweise typische Cloud-Services einfach bereitstellen.

Je größer die Organisation, desto wahrscheinlicher ist es, dass alle diese Arten von Teams vorkommen. Wie Teams detailliert miteinander verbunden sind, d. h. wie das übergeordnete Organisationsdesign aussieht, würde ein eigenes Buch füllen. Eine optimale Organisationsform wird jedoch über eine netzwerkartige, dynamische Struktur verfügen, in der „Guiding Principles" verfolgt werden. Matrixartige Strukturen bieten sich an, ein „Guiding Principle" dürfte das von Firmen wie Netflix und Spotify postulierte „loosely coupled, tightly aligned" sein. Dieses Prinzip weist Ähnlichkeiten auf mit den Prinzipien der **Subsidiarität** oder des „Localism".

Wie führt man DevOps ein? – oder: Machen ist wie Wollen, nur krasser!

5

Wir kennen jetzt die Elemente von DevOps. Wie transformiert man nun eine IT-Organisation, um die Vorteile von DevOps zur Entfaltung zu bringen? Dass viele DevOps-Einführungen scheitern, schreckt erst einmal ab. Ein planvolles Vorgehen zur Einführung von DevOps muss natürlich jede Organisation für sich selber finden. Gewisse Elemente sollten sich jedoch immer wiederfinden lassen. Bei der Formulierung von Schritten hilft der State of DevOps Report 2018 [7]. Er diagnostiziert verschiedene Entwicklungsstufen: Erst muss ein Fundament gelegt werden, dann folgen fünf weitere Stufen, ähnlich einem Reifegradmodell. Die Kategorisierungen in dem Report beziehen sich auf das CAMS-Modell (siehe Abschn. 2.2), auch wenn die fünf Entwicklungsstufen durch die vorherige fünfstufige Befragungs-Bewertung etwas zirkulär erscheint.

Bevor wir konkrete Schritte formulieren, betrachten wir zunächst wichtige **Grundsätze**, die bei einer Einführung von DevOps hilfreich sind. Das Vorgehen umfasst ein **Fundament** und **fünf weitere Schritte**. Die Orientierung am DevOps Report haben wir angereichert durch eigene Punkte.

5.1 Grundsätze

Ein Änderungsprozess in einer Firma kann mühsam sein. Manche MitarbeiterInnen begrüßen Änderungen, manche jedoch nicht, andere sind neutral. Man wird nicht alle überzeugen können. Aber wenn man durch handwerkliche Fehler zu viele MitarbeiterInnen verliert, wird eine Transformation schwieriger. Über gelungenes Vorgehen zu Änderungen in Firmen gibt es ausführliche Literatur. Hier genügt es, einige wenige Grundsätze anzuführen.

© Der/die Herausgeber bzw. der/die Autor(en), exklusiv lizenziert durch Springer Fachmedien Wiesbaden GmbH, ein Teil von Springer Nature 2020
J. Halstenberg et al., *DevOps, essentials*,
https://doi.org/10.1007/978-3-658-31405-7_5

- **Firmenkultur**: Der Weg der technisch-organisatorischen Transformation muss durch Maßnahmen, die auf Kulturänderung abzielen, begleitet werden, auch wenn die konkreten Schritte oft technik- und prozess-betont sind. Kulturänderungen sind oft langsam und nur indirekt erreichbar. Kommunikation muss glaubwürdig sein. Formen sind z. B. Intranet, E–Mails, Status-Updates, Townhall-Meetings und wertige Weiterbildungsangebote (oder gar -verpflichtungen). Das Unternehmen sagt damit, dass ihm die vermittelten Themen wichtig sind. In Tab. 5.1 stellen wir typische (meist kulturelle) Hürden bei DevOps-Transformationen dar, die wir vor allem in etablierten größeren Organisationen beobachten konnten. Diesen stellen wir eine kleine, stichwortartige Auswahl möglicher Interventionen gegenüber.
- **„Start where you are"** – beginne dort, wo du stehst: Eine Bestandsaufnahme ist nötig, die Zielstellung und nächsten Schritte bestimmen sich aus der gegenwärtigen Position. Eine „Bürokratie", also eine Firma, die geordnet und langsam ist (siehe Abb. 2.3), hat einen anderen Startpunkt und damit einen anderen Weg vor sich, als ein Start-up. Auch ITIL führt den Grundsatz „start where you are" an. Dieses Prinzip betont auch die Wertschätzung (und den Nutzen) von bislang Erreichtem.
- **Zeigen und Lernen**: Wir experimentieren, wir lernen, wir zeigen unsere Erfolge und Misserfolge. Das bedeutet, dass **Big-Bang-Einführungen** oft nicht vorteilhaft sind. Es kann mit **Piloten** gearbeitet werden: Eine Transformation betrifft nicht gleich alle Themen und die gesamte Firma. Ein Pilot muss klein genug sein, dass er bei einem Scheitern nicht in einer Katastrophe mündet, aber groß genug, dass bei einem Misserfolg etwas daraus gelernt werden kann. Und er muss sichtbar sein. Kleine, aber werthaltige Änderungen schnell durchzuführen, bei Fehlern diese aber auch schnell wieder zurück zu drehen: Das ist eine Anwendung von DevOps-Prinzipien auf die Transformation.
- **Transparente Kommunikation** und **Ehrlichkeit**: Wenn es Transparenz über Erfolge gibt, aber auch über Fehlschläge, dann bleibt eine Transformation glaubwürdig. So stellen sich Lerneffekte ein und MitarbeiterInnen bleiben an Bord. Falls eine DevOps-Transformation (noch) nicht funktioniert, dann werden die Ursachen gefunden und auch darüber gesprochen (siehe Abschn. 4.1). Hand in Hand damit geht **Expectation Management** – die Kommunikation darüber, was an Vorteilen zu erwarten ist und was nicht.
- **Messung**: So, wie DevOps-Prozesse selber immer an werthaltigen Key Performance Indicators (KPIs) gemessen werden sollen, genau so muss die Transformation von Messungen begleitet werden: So lässt sich Erfolg verifizieren und darstellen.

Tab. 5.1 Typische Hürden und mögliche Lösungsansätze bei einer DevOps-Transformation

Dysfunktionalität/Hürde	Interventionsmöglichkeiten
Veränderungen werden (z. B. wegen **„Change Fatigue"**, d. h. „Änderungsmüdigkeit") abgelehnt, große Zweifel an Sinn und Zweck von Änderungen geäußert	„Frage hinter der Frage" herausfinden; Nutzen dessen, was es zu bewahren gilt; Für ausreichend „Irritation" sorgen
ManagerInnen bestimmen stark das (all) tägliche Arbeitsgeschehen (**Mikromanagement**)	Muster erlernter Hilflosigkeit durch Stärken von Team- und Eigenverantwortung entgegentreten; Top-Down ein klares Commitment der Führungskräfte zu **subsidiären** Organisationsformen einfordern
ManagerInnen agieren **misstrauisch** und verlangen langfristige Sicherheit	Vorbildfunktion und Konsequenzen deutlich machen
DevOps wird als **Vorwand** genommen, um Organisationsänderungen und Einsparungen vorzunehmen	Hervorheben, dass DevOps kein Vehikel für Einsparungen oder Änderung der Macht-Zuschnitte ist
Fachbereiche verbleiben in **„Anforderungshaltung"** und beschweren sich (weiterhin) über schlechtleistende IT-Einheiten	Konkrete Konfliktbearbeitung, zunächst angestoßen durch Führungskräfte und agile Coaches. Verdeutlichen, dass die Geschwindigkeit auf der Anforderungsseite unbegrenzt, die Geschwindigkeit auf der Umsetzungsseite aber begrenzt ist
Betriebsbereiche agieren **nicht agil**	Ops-Bereiche in Veränderungen stark einbeziehen; In jeder Produktentwicklung Ops mit konkreten Aufgaben wie z. B. Entwicklung von Deployment-Skripten involvieren
DevOps-Teams „rennen gegen Mauern", fühlen sich **ausgebremst**	Konkrete Hindernisse kategorisieren und beseitigen; Trainieren auch der Bereiche, die (noch) nicht in DevOps-Veränderungen eingebunden sind
Angst um erreichten Selbstwert und vor Arbeitsplatzverlust	Transparenz über Motivation, Inhalte und Vorgehen gewährleisten
Widerstände insbesondere von Revisions- und Compliance-Bereichen	Einbinden und gelungene Beispiele trotz starker Regulierung aufzeigen, Größe und Macht dieser Bereiche begrenzen und MitarbeiterInnen in diesen Bereichen häufiger fluktuieren

Beim Einführungsvorgehen sollte mindestens Folgendes eine Rolle spielen (Abb. 5.1):

- Eine **Vision**: Wo wollen wir hin? Wozu wollen wir dort hin?
- Eine **Bestandsaufnahme**: Wo stehen wir jetzt?
- Ein **Stufenplan** inklusive **(Zwischen-)Zielen**?
- **Prüfen**: Haben wir die (Zwischen-)Ziele erreicht?

Zur Orientierung bieten wir nachfolgend typische Stufen an, die an die Gegebenheiten der Firma angepasst werden sollen. Diese Anpassung wird mindestens

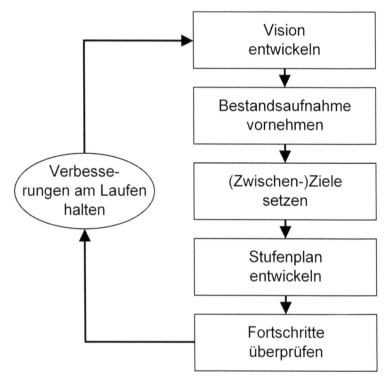

Abb. 5.1 Vorgehen bei der Einführung von DevOps (in Anlehnung an den 6-stufigen CSI-Ansatz von ITIL)

beeinflusst durch den Ist-Stand, die Firmenkultur, die vorhandene Technik, die MitarbeiterInnen und die Projektmittel. Bei einem Start-up wird der Plan anders aussehen, als bei einer etablierten Firma mit einem komplexen Gesamtsystem, unterschiedlichen Lieferanten, einem Netzwerk von Abhängigkeiten und notwendiger Integration von Teil-Services. Technische Schulden („technical debts") werden dabei ebenso eine Rolle spielen wie die Verwebung von IT-Services in modernen IT-Architekturen (und dies unabhängig von der Hoffnung auf Unabhängigkeit von Microservices untereinander). Aber ebenso müssen kulturelle Schulden („cultural debts") bedacht werden – Defizite in der Firmenkultur. Abseits der DevOps-Welt ist das Vorgehen bei Änderungsvorhaben in acht Schritten nach Kotter etabliert und lässt sich gut adaptieren.

5.2 Schritt 0: Das Fundament legen

Das „Fundament" von DevOps bezieht sich zu einem großen Teil auf das „S" in CALMA<u>S</u>: **sharing**. Die fünf Themen des Fundamentes sind:

1. Die ITIL-Prozesse **Event- und Incident-Management**. Hierbei insbesondere das Monitoring und die Alarmierung: Diese sollen durch das jeweilige Betriebs-Team konfigurierbar sein. Das ist kein revolutionärer Schritt, sondern ermächtigt Teams und legt gleichzeitig Wert auf Messung („CAL<u>M</u>AS") als Grundlage für eine Feedback-Schleife.
2. Die ITIL-Prozesse **Release- und Deployment-Management**. Das Release- und das Test-Vorgehen werden hierbei wiederverwendbar gemacht. Das gemeinsame Release-Vorgehen von Dev und Ops ist dringlicher, die Automatisierung kann noch bis zum Schritt 4 warten.
3. Der ITIL-Prozess **Configuration Management**: „Shift left" setzt eine akkurate Beschreibung voraus.
4. Die Teams können sich **gegenseitig** bei **Verbesserungen im Tooling** unterstützen.
5. **Quick-wins identifizieren und einfahren**: Oft sind einzelne Verbesserungen einfach. In einer Analyse mit wichtigen Stakeholdern können solche Quickwins identifiziert werden. Ein wirksames Instrument kann die Wertstromanalyse sein (Abschn. 2.5). Die Vermeidung unnötigen Aufwands (Muda) erhöht die Akzeptanz einer DevOps-Einführung.

In IT-Organisationen mit sattelfesten ITIL-Prozessen werden insbesondere die Punkte 2 bis 4 schon weit entwickelt sein. Dann kommt es darauf an, in den weiteren Schritten eine bessere Zusammenarbeit zu organisieren. Die drei ersten Punkte werden vom DevOps Report als am dringendsten und als Basis für die darauffolgenden Schritte angesehen.

5.3   Schritt 1: Die Technologie-Landschaft vereinheitlichen

Dieser Schritt zielt darauf ab, die Komplexität zu vermindern, jedoch trotzdem Innovation und Experimente zu ermöglichen. Das hört sich einfach an, kann aber sehr schwierig und aufwendig sein, vor allem bei einem verfehlten Anspruch auf Perfektion. Da es zunächst darum geht, einen Piloten zu implementieren (siehe „Zeigen und Lernen" in Abschn. 5.1), beschränkt sich die Vereinheitlichung zunächst auf die Reichweite des Piloten.

Ein Beispiel hierfür sind **Betriebssysteme**. Diese werden entlang des Value Streams vereinheitlicht – in der gleichen Version inkl. Patch-Stand und derselben Automatisierung, am besten in der Cloud. Ganz im Sinne des „shift left" gilt es hier gemeinsam viele Themen anzugehen, z. B. betriebliche Eignung, Vorgaben der Gesamt-Architektur, Anforderungen der IT-Sicherheit und der Governance, kommerzielle Aspekte. Der Umgang mit diesen Themen und die erarbeiteten Antworten sind ein Vorbild für die Gesamtorganisation.

Für etablierte Firmen ist es keine Herausforderung, **Versionsverwaltungstools** (version control system, **VCS**) zu haben. Es ist nicht schädlich, wenn in verschiedenen Value Streams unterschiedliche VCS genutzt werden. Diese sollen von Entwicklung **und** Betrieb genutzt werden und **allen den Zugang zum Code gewähren** („sharing").

Es werden nicht nur Software-Deployments **getestet**, sondern auch **Änderungen an der Infrastruktur**, also beispielsweise Computer, Storage, Netze. Dies ist normale ITIL-Praxis.

5.4   Schritt 2: Varianz entlang der Value Streams verringern

Es geht nun nicht mehr nur um Betriebssysteme, sondern auch um andere **IT-Architekturvorgaben**: Technik für **Schnittstellen**, **Programmiersprachen**, **Entwurfsmuster**, **Datenbanken**, **Logging-Mechanismen**, **Monitoring-Werkzeuge**, etc.

Meist geht es nicht um neue Technik, sondern um die Vereinheitlichung bewährter Technik in einem Value Stream. In jedem Fall liegt die Betonung auf dem Kulturaspekt und dem Sharing – Entwicklung und Betrieb entscheiden gemeinsam. Zwei typische Gefahren lauern auf dem Weg:

- Die erste Gefahr geht von **Legacy-Applikationen** in traditionellen Firmen aus: Meist gibt es keinen direkten Business-Case, alte Technik abzulösen, trotzdem behindert diese alte Technik sowohl Betrieb als auch Entwicklung. Dies sind technische Schulden.
- Die zweite Gefahr lauert bei der **Kultur** und dem **Sharing**: Einzelne Teams standardisieren und verringern Varianz, jedoch auf unterschiedlicher Technik. Wo es sinnvoll ist, kann auch über Value-Streams hinweg standardisiert werden.

All dies ist eine fortwährende Anstrengung.

5.5   Schritt 3: Die DevOps-Methoden ausweiten

Ausgehend vom Piloten werden DevOps-Methoden in die ganze Firma gebracht. Dieser Schritt kann parallel zu dem Schritt 2 erfolgen.

Es wird auch das **Deployment-Vorgehen** über verschiedene Teams oder Organisationseinheiten **vereinheitlicht**. Dies kann nach und nach erfolgen, im Resultat sollten die Deployment-Vorgehen für die verschiedenen Applikationen vergleichbar sein: Von der Art, in der die Reihenfolge des Deployments von verschiedenen Software-Komponenten bestimmt wird bis hin zu den organisatorischen Arrangements. Es werden mindestens **Continuous Integration (CI) Werkzeuge** genutzt, vor allem im Hinblick auf ein schnelleres Feedback und eine Erhöhung der Anzahl der Iterationen. Abweichungen zwischen den Value Chains sind akzeptabel. Dass verschiedene Technik benutzt wird, weil es verschiedene Bedürfnisse gibt, ebenfalls (beispielsweise bringen bestimmte Standard-Applikationen ihre eigenen Deployment-Tools mit). Applikationen werden so konzipiert, dass Deployments auch **während der normalen Geschäftszeiten** ohne Downtime möglich sind.

Eigenverantwortlichkeit: Änderungen können gemacht werden, ohne dass dafür weitere Freigaben von außerhalb des Teams nötig sind. Für etablierte Firmen ist dies ein großer Schritt und mitunter aufgrund von Regularien (etwa im Finanzsektor) nur mit weiterer Ausgestaltung möglich. Klar definierte „Standard-Changes" mit bekannten niedrigen Risiken können z. B. vorab freigegeben und direkt ausgelöst werden. Wo Änderungsfreigaben doch außerhalb des Teams eingeholt werden müssen, werden die **Wartezeiten reduziert**.

Bei dieser Stufe wird auch vermehrt Wert gelegt auf die Feedback-Schleifen, die sich mit einem guten **Zusammenspiel zwischen Change Management, Incident Management und Problem Management** ergeben. Beispiele sind *Post Implementation Reviews* nach Änderungen – also beispielsweise die Frage, was gut und was schlecht lief. Ähnlich sinnvoll sind Reviews nach größeren Incidents, die auch die Kundenseite mit einbeziehen.

5.6 Schritt 4: Automatisieren von Infrastruktur-Bereitstellung

Standardisierung und Automatisierung ermöglichen, dass die Bereitstellung der Infrastruktur ohne Aufwand möglich ist. Durch die Nutzung großer Cloud-Anbieter profitieren gerade Start-Ups. Etablierte Firmen werden hingegen technische Schulden spüren: Zu groß sind Unterschiede und Abhängigkeiten von verschiedenen Applikationen untereinander, aber auch von Test- und Produktions-Umgebungen.

Es geht um die weitgehend **automatisierte Bereitstellung** von **Infrastruktur** bis hin zu ganzen IT-Service-Umgebungen, beispielsweise die weitgehend **automatisierte Provisionierung** von Umgebungen mit Betriebssystemen und deren Patches, Datenbanken, Netzwerk-Einstellungen, Speicherplatz, System-konfigurationen und Nutzerberechtigungen. Oft ist es am wirtschaftlichsten, nach dem 80/20-Prinzip vorzugehen und nur die am häufigsten benötigten Services automatisiert bereitzustellen.

5.7 Schritt 5: Die IT stellt dem Business einen umfassenden Service zur Verfügung

Zum Abschluss gehen die technische und kulturelle Transformation Hand-in-Hand: IT-Services werden gemeinsam von verschiedenen IT-Organisationseinheiten zur Verfügung gestellt. Die IT-Architektur wird auf Geschwindigkeit, Verfügbarkeit und Unterstützung von Continuous Deployment ausgerichtet (Etablierung von Cloud, Containern und Microservices). Umgebungen können automatisiert provisioniert werden. CALMAS (Abschn. 2.2) ist in der gesamten Organisation verbreitet. Sicherheits- und Betriebsanforderungen werden frühzeitig im Entwicklungsprozess berücksichtigt und die Betriebs-MitarbeiterInnen arbeiten frühzeitig an neuen Services mit („shift left").

Am deutlichsten wird die Transformation daran sichtbar, dass eine **Selbstbedienung** (Self Service) von Services möglich ist.

DevOps – Kritik

6

DevOps ist kein Selbstläufer und auch nicht das Heilmittel für alle IT-Malaisen. Deshalb sprechen wir im Folgenden typische Kritikpunkte an und bewerten sie. Die Idee von DevOps geht daraus gestärkt hervor.

„DevOps ist Cargo Cult". Der Begriff „Cargo Cult" schildert (verkürzt), wie blind einstudierte Handlungen Ergebnisse liefern sollen, weil in anderen Situationen diese Handlungen mit jenen Ergebnissen korreliert waren. Symbolische Ersatzhandlungen ohne Wirkprinzip ersetzen hierbei effektive Handlungen. Etwas vereinfacht hat der Begriff angeblich seinen Ursprung in der Begegnung von indigenen Völkern mit der US-Armee. Während des zweiten Weltkriegs wurde auf Inseln der Ureinwohner Fracht (=„Cargo") mit begehrten Waren gebracht. Nach dem Abzug der US-Armee ahmten die Ureinwohner angeblich die beobachteten Handlungen nach, beispielsweise indem Fluglotsen imitiert wurden. Dies führte natürlich nicht zum Erfolg. In die Cargo-Cult-Falle kann eine Firma laufen, wenn Maßnahmen, die anderswo erfolgreich waren, übernommen werden, ohne die Tauglichkeit für die eigene Firma zu beurteilen. Begleitend zu einer DevOps-Einführung wird deswegen gemessen und kontinuierlich der Erfolg von Maßnahmen überprüft. Auch über Scheitern wird offen gesprochen und daraus gelernt. Dies ist eine der schwierigsten Herausforderungen, denn über Misserfolge spricht man nicht gerne.

„DevOps ist nur ein Hype". Diesen Eindruck können wir nachvollziehen, zumal es durchaus Anzeichen dafür gibt: Es finden zahlreiche Konferenzen mit DevOps-Inhalten statt, einzelne Personen und Unternehmen sind auf den DevOps-Zug aufgesprungen, DevOps hat in den letzten Jahren große Aufmerksamkeit auf sich gezogen. Wir glauben jedoch, dass DevOps bleibt, ähnlich wie sich Lean-Grundsätze tief in der industriellen Fertigung verankert haben. Wir sehen uns in dieser Einschätzung gestützt dadurch, dass der De-facto-Standard für IT-Service-Management, ITIL, mittlerweile viele Anregungen und Konzepte von DevOps aufgegriffen hat.

„DevOps und Regulatorik passen nicht zusammen". Viele Bereiche, in denen IT eine essenzielle Rolle spielt, sind einer Regulatorik unterworfen. Beispiel hierfür ist der Bankenbereich, bei dem (u. a.) die Bundesanstalt für Finanzdienstleistungsaufsicht (BaFin) mit BAIT („Bankaufsichtliche Anforderungen an die IT") Rahmenbedingungen vor allem für das IT-Risikomanagement festlegt. Hier sind z. B. Mindesterwartungen zu Anforderungsdokumentation, Dokumentation von Entwicklungsprozessen, zum Berechtigungsmanagement, zum Testing, etc. festgelegt. Dies beißt sich nicht. Denn DevOps ist kein Freibrief dafür, ohne Prozesse, Dokumentation oder Planung zu arbeiten. DevOps ist keine Lösung für nicht-vorhandene IT-Service-Management-Prozesse.[1]

„DevOps funktioniert nicht" titelt heise.de. Die überwiegende Anzahl von DevOps-Initiativen bringen nicht den erwünschten Erfolg. Die Ursachen sind angeblich nicht Probleme mit der Technik sondern Managementprobleme. Es hängt also an den Themen, die wir als wichtig identifiziert haben: Veränderungen bei Prozessen und Gewohnheiten sowie nachhaltige Motivation. Und die ständige Kontrolle, wo man tatsächlich steht.

„Bei DevOps erfolgt der Betrieb aus der Entwicklung heraus, mit der Cloud ist Ops überflüssig". Dies kann eine Ausprägung von Start-ups im noch frühen Reifegrad sein, die jedoch hohe operative Risiken mit sich bringt. Solches Denken möchte DevOps überwinden.

„Die Silos sind weiterhin vorhanden, es sind jetzt nur andere Silos". Der Vorwurf: Vor DevOps hatte man vertikale, organisatorische Silos, siehe Abb. 6.1. Mit DevOps hat man horizontale Produkt- oder Service-Silos, die bei Änderungen an übergreifenden Geschäftsprozessen noch mehr Kommunikationsaufwand erfordern, als die eingespielten vorherigen Silos. Dies kann in der Tat passieren, wenn man DevOps als einen Umbau der Aufbauorganisation ansieht. Es gilt die alte Weisheit: gib einem Team zwei verschiedene Leibchen und sie werden gegeneinander spielen. Mit DevOps versuchen wir nicht, die zwei Leibchen anders zu verteilen sondern alle mit gleichen Leibchen füreinander spielen zu lassen. DevOps ist anstrengender, weil Menschen mehr miteinander reden müssen: im funktionalen Bereich **und** im Produkt-Bereich. Microservices können helfen, den Abstimmungs-Aufwand zu reduzieren – zu 100 % wird dies in größeren Firmen nicht gelingen.

---

[1]Das Buch „The Phoenix Project" ist also eine eher schlechte „Fallstudie": Die dort dargestellte, etablierte Firma hat schlechte oder gar keine funktionierenden ITSM-Prozesse.

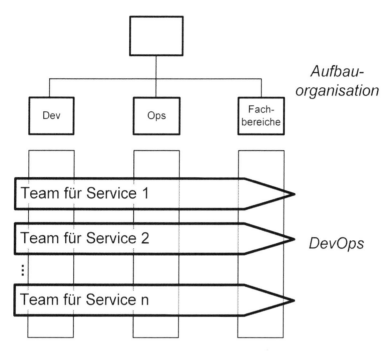

Abb. 6.1 Horizontale und vertikale Silos

„**DevOps funktioniert nur in Start-ups und ist ein Zwischenschritt vor der Etablierung von vernünftigen IT-Prozessen**". DevOps kann sehr gut in großen Unternehmen funktionieren, wenn die Voraussetzung und das Einsatzgebiet vernünftig gewählt und die Einführung sorgsam ist.

Wenn DevOps blind als Lösung angesehen wird, dann wird es scheitern. Denn DevOps muss – wie alle Änderungen in Unternehmen – zugeschnitten werden.

Zusammenfassung

7

DevOps baut eine IT-Fabrik mit einem hohen Automatisierungsgrad auf und bedient sich der zum gegenwärtigen Zeitpunkt besten etablierten Methoden, um daraus einen eigenen ganzheitlichen Ansatz zu formulieren. Die DevOps-Bewegung hat das Glück, zur richtigen Zeit (New Economy) am richtigen Ort (in einer VUCA-Welt) etablierte Ansätze mit neuen Werkzeugen (Cloud Computing, Automatisierungswerkzeuge) und einer modernen Unternehmenskultur kombinieren zu können. Es ist die praktikable Umsetzung, die Steve Jobs bereits in den 1980ern in seiner damaligen Firma NeXT so beschrieb, dass der Produktionsprozess genauso viel Aufmerksamkeit und strategisches Denken erfordert, wie das eigentliche Produkt. Eine Vernachlässigung des Produktionsprozesses beschränkt die Art von Produkt, die ersonnen werden kann.

Wir fassen DevOps auf kürzeste Art zusammen: Es

- verbindet **etablierte Methoden** wie IT-Service Management (vorzugsweise ITIL), Lean, Kanban und Agil (z. B. Scrum),
- kümmert sich um eine offene **Zusammenarbeitskultur** ohne Schuldzuweisungen,
- richtet sich am **Kundennutzen** aus und
- unterstützt all dies durch eine hochgradige **Automatisierung**, die sich in einer kontinuierlichen Integration (oder gar Bereitstellung) von geänderten IT-Services niederschlägt.

© Der/die Herausgeber bzw. der/die Autor(en), exklusiv lizenziert durch
Springer Fachmedien Wiesbaden GmbH, ein Teil von Springer Nature 2020
J. Halstenberg et al., *DevOps,* essentials,
https://doi.org/10.1007/978-3-658-31405-7_7

Dies alles, um schnellstmöglich auf sich schnell verändernde Umwelt-
bedingungen reagieren zu können.

In all dem ist DevOps insbesondere eine kulturelle Veränderung. DevOps wird
nicht alle Probleme der IT lösen und die Einführung von DevOps wird in vielen
Unternehmen nicht kurzfristig gelingen. Aber es ist ein sehr vielversprechender
Anlauf, teilweise schon lange bekannte Lösungen für schon lange bekannte
Probleme anzuwenden.

Was Sie aus diesem *essential* mitnehmen können

- Fragen der modernen VUCA-Welt können mit DevOps beantwortet werden
- DevOps ist ein ganzheitlicher Ansatz, der Technologie und Kultur umfasst
- DevOps-Einführungen scheitern eher an der Kultur, weniger an der Technik
- DevOps ist harte Arbeit

© Der/die Herausgeber bzw. der/die Autor(en), exklusiv lizenziert durch
Springer Fachmedien Wiesbaden GmbH, ein Teil von Springer Nature 2020
J. Halstenberg et al., *DevOps,* essentials,
https://doi.org/10.1007/978-3-658-31405-7

Weiterführende Literatur

1. K. Beck et al. (2001), Manifest für Agile Softwareentwicklung. Online: http://agilemanifesto.org/iso/de/manifesto.html (abgerufen 08.06.2018)
2. E. Goldratt, J. Cox (2004), The Goal: A Process of Ongoing Improvement. New York: Routledge
3. J. Humble, D. Farley (2010), Continuous Delivery. Upper Saddle River, NJ: Addison-Wesley
4. G. Kim, K. Behr, K. Spafford (2014), The Phoenix Project: A Novel About IT, DevOps, and Helping Your Business Win. Portland, OR: IT Revolution Press
5. G. Kim, J. Humble, P. Debois, J. Willis (2016), The DevOps Handbook. Portland, OR: IT Revolution Press
6. F. Malik (2014), Führen Leisten Leben: Wirksames Management für eine neue Welt. Frankfurt: Campus Verlag
7. A. Mann, M. Stahnke, A. Brown und N. Kersten (2018), 2018 State of DevOps Report, puppet.com, Online: https://puppet.com/resources/report/2018-state-devops-report/ (abgerufen am 17.02.2020)
8. T. Ohno (1988), Toyota production system: Beyond large-scale production. Portland, OR: Productivity Press
9. B. Pfitzinger, T. Jestädt (2016), IT-Betrieb: Management und Betrieb der IT in Unternehmen. Berlin: Springer
10. D. G. Reinertsen (2009), The Principles of Product Development Flow: Second Generation Lean Product Development. Redondo Beach, CA: Celeritas Publishing
11. W. W. Royce (1970), Managing the development of large software systems, in Proceedings of IEEE WESCON, Los Angeles, Aug. 1970, pp. 1–9.
12. P. M. Senge (1990), The fifth discipline. The Art & Practice of Learning Organization. New York: Doubleday Currency
13. M. Skelton, M. Pais (2019), Team Topologies: Organizing Business and Technology Teams for Fast Flow. Portland, OR: IT Revolution
14. F. W. Taylor (1919), The principles of scientific management. New York: Harper & Brothers
15. This American Life (2015), NUMMI, Online: https://www.thisamericanlife.org/561/nummi-2015 (abgerufen am 08.01.2018)

© Der/die Herausgeber bzw. der/die Autor(en), exklusiv lizenziert durch Springer Fachmedien Wiesbaden GmbH, ein Teil von Springer Nature 2020
J. Halstenberg et al., *DevOps, essentials*,
https://doi.org/10.1007/978-3-658-31405-7

16. R. Westrum (2004), A typology of organisational cultures. BMJ Quality & Safety 13.suppl 2 (2004): ii22–ii27
17. Xebia Labs, "Periodic Table of DevOps Tools, V3", Online: https://xebialabs.com/periodic-table-of-devops-tools/ (abgerufen 14.06.2019)

Printed in the United States
By Bookmasters